selbst ist der Mann

Große Möbel mit kleinen Tricks

Das Heimwerkerbuch mit vielen farbigen Abbildungen

MOEWIG

Verlagsunion Erich Pabel-Arthur Moewig KG, Rastatt

Sämtliche Anleitungen und Abbildungen stammen, sofern nicht anders angegeben, aus dem Redaktionsarchiv der Zeitschrift „Selbst ist der Mann", Köln. Alle Angaben zu Material, Anwendung und Verarbeitung wurden sorgfältig geprüft. Dennoch muß im Einzelfall entschieden werden, ob die Bauvorschläge für den konkreten Verwendungszweck geeignet sind. Der Verlag kann eine Haftung für Personen-, Sach- oder Vermögensschäden, die sich aufgrund von Arbeiten gemäß den in diesem Band gesammelten Anleitungen ergeben, nicht übernehmen.
Nachweis der Urheberrechte: S. 7-10, 31-38, 47-50, 63-70, 87-90: Lars Dalsgaard; S. 39-42, 55-62, 83-86: Caparol-Farben/AEG-Elektrowerkzeuge/UHU/Hornitex; S. 51-54: Hebel/„Selbst ist der Mann".

4. Auflage

Originalausgabe

Redaktion: Gerrit Wöckener
Umschlagentwurf und -gestaltung: Werbeagentur Zeuner, Ettlingen
Umschlagfotos: Redaktionsarchiv „Selbst ist der Mann"
Auslieferung in Österreich:
Pressegroßvertrieb Salzburg Gesellschaft m. b. H., Niederalm 300, A-5081 Anif
Printed in Germany 1991
Druck und Bindung: Mohndruck
Graphische Betriebe GmbH, Gütersloh
ISBN 3-8118-8344-5

Inhalt

Eleganz in Weiß

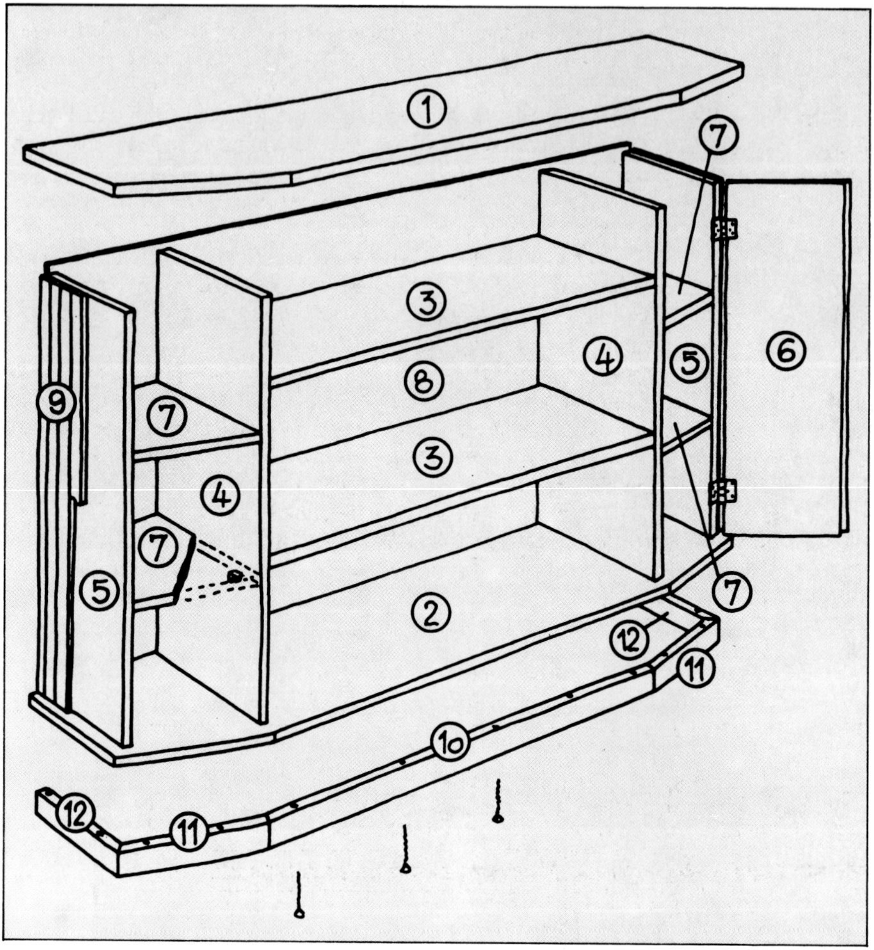

Weniger ist oft mehr. Dies bewahrheitet sich bei unserer klassischen Anrichte mit Sicherheit. Gerade das schlichte, schnörkellose Outfit, die konsequente Linienführung, ausgewogene Proportionen und dezentes Weiß machen sie zum Liebhaber-Objekt für Puristen.

In exklusiven Möbelhäusern wäre ein solches Stück fast unerschwinglich – nicht so bei uns. Kein Wunder, denn die meisten Elemente bestehen aus Spanplatte, die man zum Schluß einfach weiß lackiert.

Gebaut wird ganz systematisch: Zunächst schneidet man alle Teile auf Maß oder läßt sie sich bereits im Baumarkt zurechtsägen. Die Abschrägungen in Kopf- und Bodenplatte entstehen folgendermaßen: Tragen Sie einmal an der rechten und einmal an der linken Vorderkante 295 mm ab und an den Schmalseiten jeweils 87 mm. Verbinden Sie die beiden Punkte miteinander, so erhalten Sie die Schnittkanten.

Dann verkleidet man die Seitenwände (5) und Türen (6) mit Kiefer-Leisten.

Ein konstanter Abstand zwischen diesen läßt die Oberfläche reliefartig wirken. Am einfachsten ist es, wenn Sie die in der Materialliste angegebene Länge etwas großzügiger bemessen und alle Leisten „auf einen Streich“ präzise absägen.

Jetzt entsteht – beginnend mit dem offenen Regalteil – der Korpus. Dafür die Zwischenböden (3) und -wände (4) miteinander verleimen und nageln. Dieses Mittelstück schraubt man mit den beiden Seitenwänden (5) unter die Kopfplatte (1) und fixiert dann Bodenplatte (2) und Rückwand (8). Anschließend die Sockelleisten (10), (11), (12) unter den Korpus montieren. Dabei die Schrauben versenken.

Die beiden Türen werden mit je zwei Scharnieren an den Seitenwänden angeschlagen. Zum Schluß zwei möglichst schlichte Türknöpfe sowie Magnetschnäpper anbringen. Die seitlichen Einlegeböden (7) liegen nur lose auf Bodenträgern auf. So kann man sie bei Bedarf herausnehmen. Möchte man die Abstände öfter einmal variieren, empfiehlt es sich, die Bodenträger in Rasterschienen zu fixieren. Dafür müssen Sie dann allerdings Nuten in die Seiten- bzw. Zwischenwände fräsen.

Bevor's ans Lackieren geht, müssen Sie das Möbelstück anschleifen, dann mit Holzgrund vorbehandeln. Anschließend wird mit umweltfreundlichem Acryllack gestrichen, zwischengeschliffen und nochmals lackiert. Nun erstrahlt das Stück in vollem Glanz.

Materialliste

Pos.	Anz.	Bezeichnung	Maße in mm	Material
1	1	Kopfplatte	1530 × 360	Spanplatte 22 mm dick
2	1	Bodenplatte	1490 × 340	
3	2	Zwischenböden	950 × 300	
4	2	Zwischenwände	720 × 300	Spanplatte 16 mm dick
5	2	Seitenwände	720 × 230	
6	2	Türen	717 × 270	
7	4	Einlegeböden	290 × 218	
8	1	Rückwand	1450 × 764	Sperrholz 4 mm dick
9	46	Leisten	720/717 lang	Kiefer 22 × 5 mm
10	1	Sockelleiste	950 lang	Kiefer 44 × 21 mm
11	2	Sockelleisten	270 lang	
12	2	Sockelleisten	245 lang	

4 Scharniere 40 × 25 mm; 16 Bodenträger; 2 Türknöpfe; 2 Magnetschnäpper; Spanplatten-Schrauben 4,0 × 40 mm; Nägel; Holzleim.

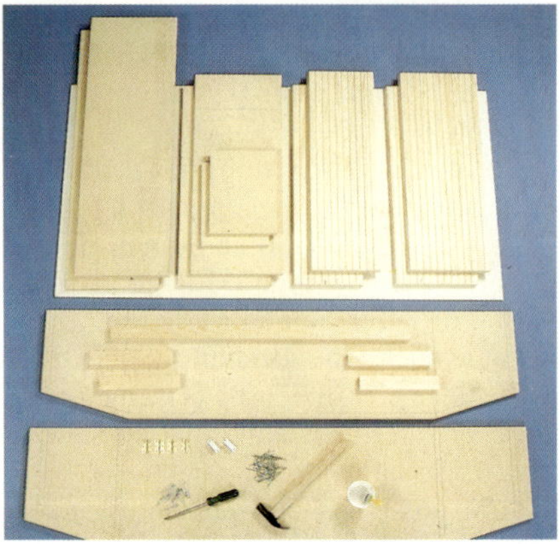

Zunächst müssen alle Einzelteile angefertigt werden: Türen und Seitenwände erhalten ihre Verkleidungen. Alles zusammen sieht dann so aus wie auf dem Foto. Jetzt kann mit dem Zusammenbau begonnen werden.

Aus den Zwischenböden und den Zwischenwänden entsteht das offene Mittelstück. Die Verbindung wird durch reichlich Leim und Nägel zusammengehalten. Seitliche Stabilität bringt dann vor allem die Rückwand.

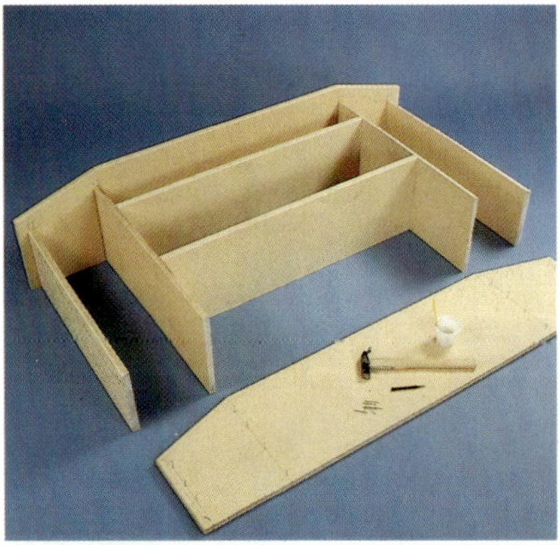

Das Mittelstück wird mit den beiden Seitenstücken unter den Deckel geschraubt, dann kommt der Boden drunter. Anschließend wird der Boden befestigt. Nun die ganze Konstruktion aufs Gesicht legen und die Rückwand anbringen.

Jetzt kommen die Sockelleisten unter den Boden, wobei darauf zu achten ist, daß die Schrauben gut versenkt werden. Außerdem sollte man sich Mühe geben, eventuelle Unebenheiten am Sockel gründlich zu beseitigen, denn andernfalls wird die Anrichte immer wackeln.

Alles an die Wand gehängt

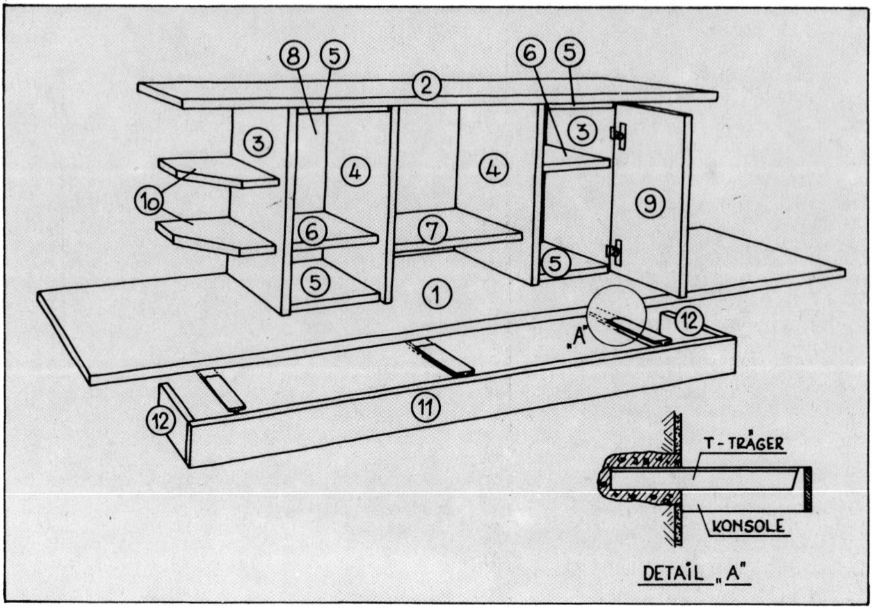

Wer kennt das nicht? Da wünscht man sich ein Regal, aber bitte nicht zu groß. Stauraum braucht man auch unbedingt, weil ja nicht alles, was sich im Laufe der Zeit angesammelt hat, zum Herzeigen geeignet ist. Und dann hätte man am liebsten gern noch ein wenig Tisch- und Stellfläche, denn eine Mußestunde mit einem guten Krimi ist ohne Tee und Kekse in Reichweite nur halb so schön.

Doch meist ist es so, daß der Platz nur für ein einziges Möbelstück reicht. Da hat man dann die Qual der Wahl – oder vielleicht doch nicht? Mit diesem Universal-Regal werden alle drei Wünsche schnell und dazu noch stilvoll Wirklichkeit: Es bietet Stauraum, Regal- und Stellflächen. Und damit sich alles in bester Zugriffhöhe befindet, haben wir es kurzerhand an die Wand gehängt.

Die Teile in Esche-Alabaster bekommen Sie montagefertig im Studio für Systemmöbel. Nur die Blende aus MDF-Platten entsteht in Ihrer Werkstatt. Dort werden die Teile 11 und 12 verleimt, grundiert und lackiert.

Die Blende hat die Aufgabe, die Stahlträger zu verdecken, auf denen die untere Platte (1) des Regals aufliegt. Die drei T-Stahlträger läßt man in etwa 55 Zentimeter Höhe über dem Boden in die Wand ein (siehe Detail „A").

Doch nun zum Aufbau des Regals: Zuerst leimt man die Blende – mittig und hinten bündig – unter die Bodenplatte. Dazu muß Lackleim benutzt werden, weil die Oberfläche der Platte schon endbehandelt ist. Nach dem Aushärten des Leims ist das Regal in gut zwei Stunden aufgebaut, denn Sie brauchen jetzt nur noch die Leisten an den beiden Abdeckplatten und der Wand zu befestigen sowie die Beschläge an den entsprechenden Teilen anzubringen. Dann läßt sich das Regal aus Stollen, Böden und Außenecken ganz leicht und schnell zusammenbauen. Die wichtigsten Arbeitsphasen der Montage zeigt unsere Bildfolge auf S. 14.

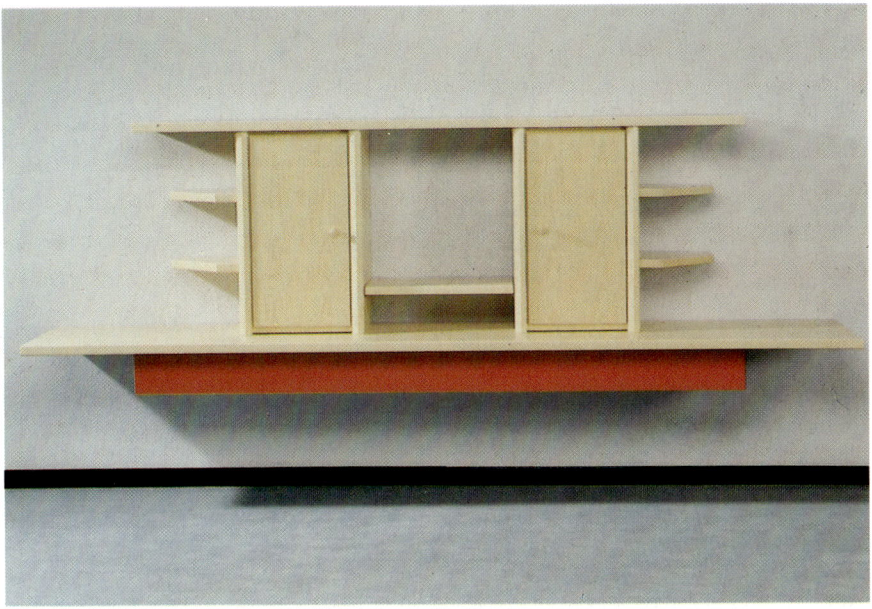

Die Konstruktion des gleichsam an der Wand schwebenden Schranks läßt das doch recht massive Möbel verhältnismäßig leicht wirken.

Materialliste

Pos.	Anz.	Bezeichnung	Maße in mm	Material
1	1	Abdeckplatte	2700 × 515	
2	1	Abdeckplatte	2000 × 348	
3	2	Regalstollen[1])	670 × 333	
4	2	Regalstollen[2])	670 × 333	
5	4	Konstruktionsböden	333 × 303	Profil PP3
6	2	Fachböden	333 × 286	
7	1	Fachboden	495 × 286	
8	2	Rückwände	611 × 333	
9	2	Schranktüren	632 × 331	
10	4	Außenecken	300 × 283	
11	1	Frontblende	2000 × 160	MDF
12	2	Seitenteile	380 × 160	19 mm dick

3 Stahlträger, T 50 (DIN 1024), ca. 300 mm lang; Spanplatten-Schrauben; Holzleim.
Pos. 1–10 aus dem PARADOR-Programm.
[1]) Lochreihe einseitig; [2]) Lochreihe beidseitig.

Die Böden präpariert man mit Buchsen, die Stollen an den gelochten Seiten mit den Verbindungselementen. Das Besondere an diesem System: Das Möbelstück wird nicht etwa zuerst zusammengebaut und dann an die Wand gehängt, sondern der Aufbau geschieht vom Boden mit Blende ausgehend bis zur Deckplatte direkt an der Wand.

Sind die Böden der Schrankelemente erst einmal eingesetzt, können Sie die Rückwände von vorn einschieben. Zuvor werden jedoch die Führungsleisten auf die Wand geschraubt und die Stollen auf diese Leisten geschoben. Die Eckböden werden dann mit Konstruktionsbeschlägen festgeschraubt.

Auch die Eckböden werden direkt mit der Wand verbunden, und zwar mit Hilfe von Beschlägen, die in zuvor in die Wand gesetzte 6-mm-Dübel geschraubt werden.

Bevor die Abdeckplatte montiert wird, erhält sie auf der Unterseite Führungsleisten, die genau in die Nuten der Stollen greifen. Danach geht es an die Montage der Türen, die durch Topfscharniere an den Schrankelementen befestigt und beweglich gelagert werden.

Fernöstlicher Diwan

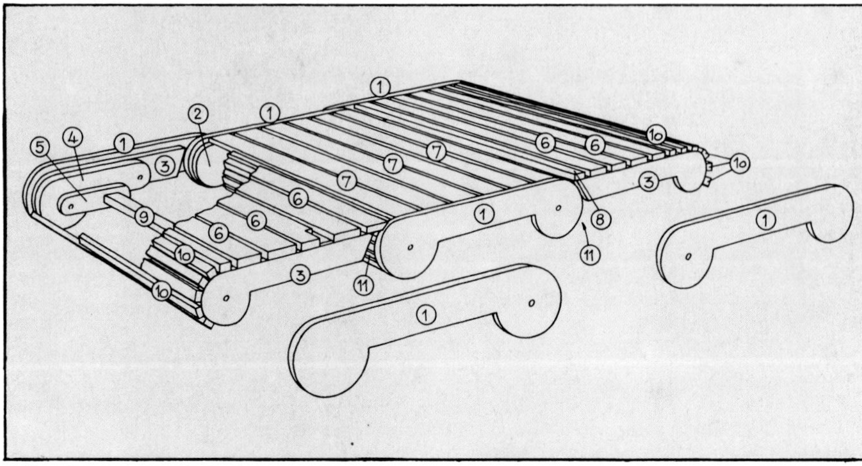

Mit einer recht einfachen Konstruktion wird das Futon-Bett beweglich. Im Kopfteil muß das mittlere Auflagebrett an den Seiten eingesägt sein, damit es beim Anheben nicht sperrt. Bevor Sie sich mit der Stichsäge ans Aussägen der Wangen machen, sollten Sie Hilfslinien kräftig einritzen, um so ein Splittern des Kiefernholzes zu vermeiden.

Japaner machen trotz allem, was sie weltweit durch ihr Know-how alles auf die Beine stellen, einen recht ausgeschlafenen Eindruck. Deshalb liegt es nahe, daß etwas Besonderes dran ist an der fernöstlichen Traum-Welt. Wie sieht der Bereich aus, in den man sich im Land der aufgehenden Sonne zurückzieht, um dem Streß des Alltags zu entfliehen?

Kärglich, wird man als Europäer leichtfertig urteilen, doch scheint gerade in dieser Lebensart das Geheimnis zu liegen, aus dem sich Kraft und Ausdauer schöpfen lassen. Die Japaner sind geradezu Meister im Weglassen überflüssiger Dinge. Nur wenige Teile sind es, die im Privatgemach für eine behagliche und fast unverwechselbare Wohnatmosphäre sorgen. Shojis (papierbezogene Schiebewände), Tatami (Matten aus Reisstroh), Truhen und Schränke aus Zypressenholz gehören genauso dazu wie das Futon-Bett, das mittlerweile die Welt erobert.

Wir wollen Ihnen eine Couch vorstellen, die sich trotz schlichter Bauform als recht funktionell erweist. Dieses Bett läßt sich nicht nur am Kopfende anheben, sondern mit ein paar Handgriffen zu einer 160 cm breiten Sitzgelegenheit aufrichten. Anhand der Zeichnung kann man bereits den Aufbau des Holzgestells durchschauen, und der Nachbau dürfte mit den Fotos auf den folgenden Seiten nicht schwerfallen.

Hier eine Kurzbeschreibung: Auf die 6 Seitenwangen (1) leimen Sie die verschiedenen Innenwangen (2) und (3). Die 25 mm dicken Auflagebretter und -leisten werden später in Abständen von 15 (Mittelteil) bzw. 20 mm (Kopf- und Fußende) aufgeschraubt. Damit das Kopfende angehoben werden kann, dürfen nur je 2 äußere Traglatten (6) und Tragleisten (10) auf die Innenwangen (3) geschraubt werden. Die übrigen Hölzer liegen zwar auch mit auf den Wangen auf, sind jedoch nur mit den Stützenfuttern (4) verbunden.

Zwei eingehängte Seile verhindern, daß die aufgerichteten Rückenteile wegrutschen können. Das Foto zeigt deutlich die klaren Linien des Möbelstücks.

Materialliste

Pos.	Anz.	Bezeichnung	Maße in mm	Material
1 2 3 4 5	6 2 4 2 2	Seitenwangen Innenwangen Innenwangen Stützenfutter Stützenarme	800 × 195 750 × 145 580 × 145 420 × 145 280 × 60	Kiefer 25 mm dick
6	9	Auflagebretter	1550 lang	Kiefer 95 × 25 mm
7	6	Auflagebretter	1550 lang	Kiefer 90 × 25 mm
8	1	Auflagebrett	1550 lang	Kiefer 70 × 25 mm
9	1	Querriegel	1400 lang	Kiefer 40 × 25 mm
10 11	12 9	Auflageleisten Auflageleisten	1550 lang 1550 lang	Kiefer 25 × 25 mm

4 Zugmuttern M8; 4 Senkkopfschrauben M8 × 80 mit Schraubenrosetten; 4 Rampa-Muffen M6; 4 Senkkopfschrauben M6 × 40 mit Schraubenrosetten; selbstschneidende Schrauben 4,0 × 40; Holzdübel Ø 10 × 40; Holzleim.

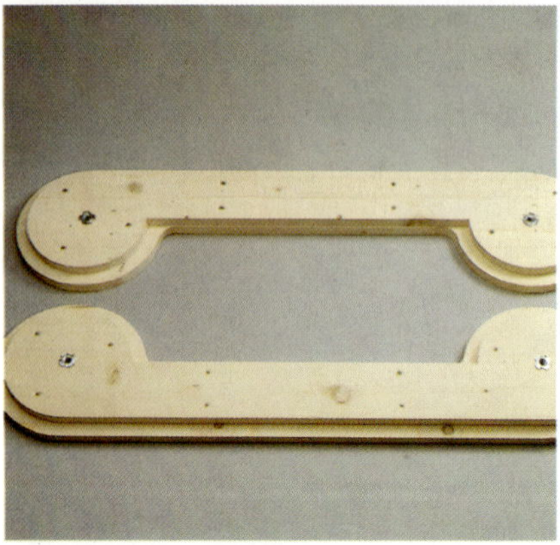

Für das Mittelteil der Couch werden Innenwangen aufgeleimt, die fast rundum Platz für die 25 mm dicken Auflagebretter lassen.

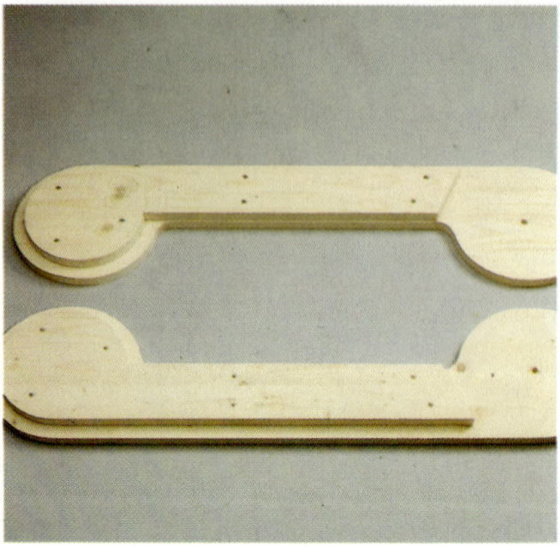

Die anderen vier Seitenwangen erhalten kürzere Innenwangen. Darüber hinaus schrauben Sie für das . . .

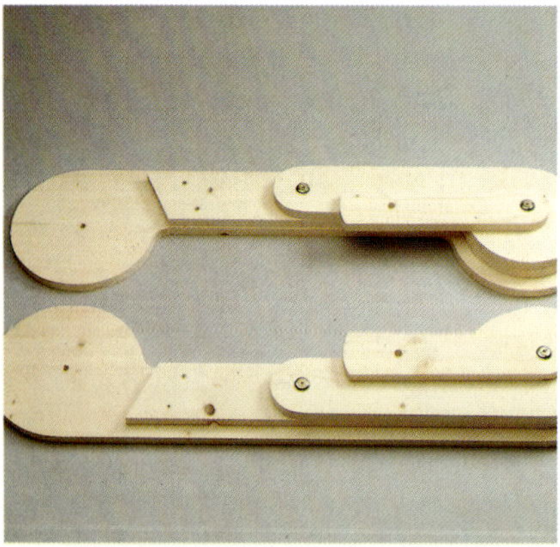

. . . Kopfteil auf zwei der Wangen jeweils noch Stützenfutter und -arme auf, damit sich das Kopfende anheben läßt. Die Größen für Schrauben, Zugmuttern und Rosetten finden Sie in der Materialliste auf Seite 17.

Zum Versenken der Schrauben die 25 mm dicken Auflagebretter anbohren (10-mm-Bohrer). Für die Schnellbauschrauben wird dann mit 4 mm durchgebohrt. Die Sacklöcher später mit Dübeln verschließen.

Trauminsel nach Maß

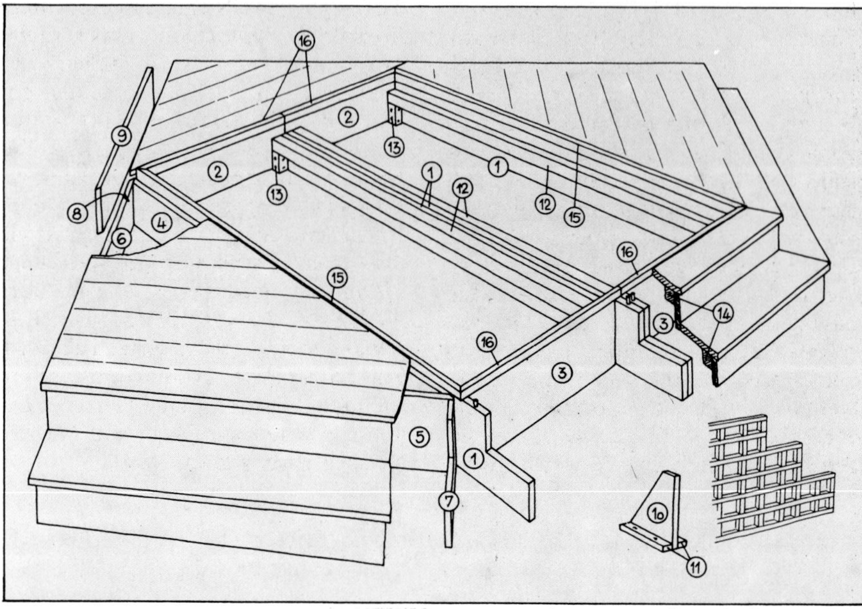

Unsere Zeichnung zeigt alle Teile und das Prinzip des Zusammenbaus. 10 × 10 Zentimeter groß sind die Quadrate des Ziergitters. Das Gitter in der gewünschten Form ausschneiden und mit Konsolen auf dem hinteren Dreieck befestigen.

Eine Idee mit Pfiff entstand hier aus einer Notwendigkeit: Da gibt es ein schönes Haus, direkt am Rhein gelegen, mit viel Grün, himmlischer Ruhe und einer wundervollen Aussicht. Doch all dies hat auch seinen Preis. Denn wenn der vielbesungene Strom mit dem Frühjahrs- oder Herbsthochwasser sein Bett verläßt, meldet das Untergeschoß des Hauses „Land unter". Was tun mit einem ab und zu unter Wasser stehenden Raum, der eigentlich als Schlafzimmer gedacht war? Ganz klar, ein „Wasserbett" mußte her! So entstand der Plan eines zerlegbaren Podestes, in das die Betten integriert wurden. Es besteht aus sechs Teilen und kann jederzeit leicht demontiert werden, da die Teile nur mit wenigen Schrauben untereinander verbunden sind. Da Sie vermutlich kaum von Hochwasserproblemen betroffen sind, könnten Sie die mobile Konstruktion zum schnellen Auf- und Abbau eines komfortablen Gästebettes nutzen. In erster Linie aber dürfte unsere Trauminsel all jene interessieren, die auf der Suche nach einer originellen Schlafstätte sind.

Das Podest hat eine Gesamthöhe von 30 cm. Sie beginnen mit dem Bau der einzelnen Betten. Die später in der Mitte liegenden Seitenteile müssen vor dem Zusammenbau im Bereich der Trägerleisten und der Treppe (siehe Zeichnung) mit der Stichsäge ausgeschnitten werden. Die beiden Kopfteile sind um 19 mm länger als die Fußteile, da die mittleren Seitenteile dagegenstoßen, während die Fußteile dazwischengesetzt werden. Trägerklötzchen, die verleimt und verschraubt werden, verstärken alle Bettecken. Anschließend montieren Sie die Trägerleisten an den Seitenteilen. Auf den Bettkanten die Kantenleisten befestigen und stark abrunden. Die Stützplatten (8), (9) für das hintere Podestelement miteinander verleimen. Sind Fußleisten vorhanden, sollten Sie alle Stützplatten im Bereich der Wand um etwa 20 mm nach innen versetzen und die Treppe im Bereich der Fußleiste ausklinken. Nun passen Sie die Hobeldielen an. Sie können sie entweder verdeckt nageln oder von oben verschrauben. Die beiden seitlichen Podestteile mit dem Treppenstück werden gegengleich gearbeitet. Die Stützplatten (4), (5), (6) zusammensetzen und als zusätzliche Verstärkung für die Treppe jeweils eine ausgeschnittene Konsole (7) anbringen. Das einzelne Treppenteil aus den Hobeldielen zusammensetzen und jeweils unter den Stufen die Verstärkungen (14) befestigen. In die Seitenteile (1), (3) Dübel einlassen und die Gegenbohrung in der Treppe anbringen; so kann die Treppe einfach eingehängt werden. Das attraktive Kopfteil schneiden Sie aus einem Ziergitter, Maße 192 × 62 cm, Deco Pin, Typ Carré von 1001 zu. Die nicht gewünschten Vierecke einfach absägen. Eine dekorative Lösung entstand so auch für die gut sichtbare Heizung: Die Gitter wurden abgelängt und mit den gleichen Farben gestrichen.

Materialliste

Pos.	Anz.	Bezeichnung	Maße in mm	Material
1	4	Seitenteile	2500*) × 275	
2	2	Kopfteile	900 × 275	
3	2	Fußteile	881 × 275	
4	2	Stützplatten	2000*) × 275	
5	2	Stützplatten	1500*) × 275	Tischlerpl.
6	2	Stützplatten	1900*) × 275	19 mm dick
7	2	Konsolen	400*) × 275	
8	1	Stützplatte	1800*) × 275	
9	2	Stützplatten	1300*) × 275	
10	2	Konsolen	350 × 250	
11	4	Halterungen	350 lang	Kiefer 30 × 20 mm
12	4	Trägerleisten	2000 lang	Kiefer
13	8	Trägerklötzchen	165 lang	40 × 30 mm
14	4	Verstärkungen	800 lang	Kiefer 30 × 30 mm
15	2	Kantenleisten	2040 lang	Kiefer
16	4	Kantenleisten	920 lang	35 × 20 mm

Ca. 5 m^2 Hobeldielen, 25 mm dick; 1 Ziergitter, Deco Pin, Typ Carré (1001); Spanplattenschrauben; Holzdübel; Holzleim.
*) nur Grobmaße, müssen beim Aufbau angepaßt werden.

Der Einbau des Podestes beginnt mit dem hinteren kleinen Dreieck, das beiden Betten als Kopfseite und Ablage dient. Dann kommt das rechte Teil mit dem ersten Stück Treppe und jetzt der erste Bettkasten. Das Foto zeigt, daß alle sichtbaren Teile vor dem Zusammenbau in den gewünschten Farben gestrichen wurden.

Nun ist der zweite Bettkasten an der Reihe. Lediglich zwei Schrauben verbinden die Kästen mit den Podestteilen. Es folgen die Konsolen für die Treppenstufen, die eine Verstärkung erhalten (vgl. Zeichnung). Dann kommen das zweite Seitenteil, das ebenfalls mit Schrauben am Bettkasten befestigt wird, und das Mittelstück der Treppe.

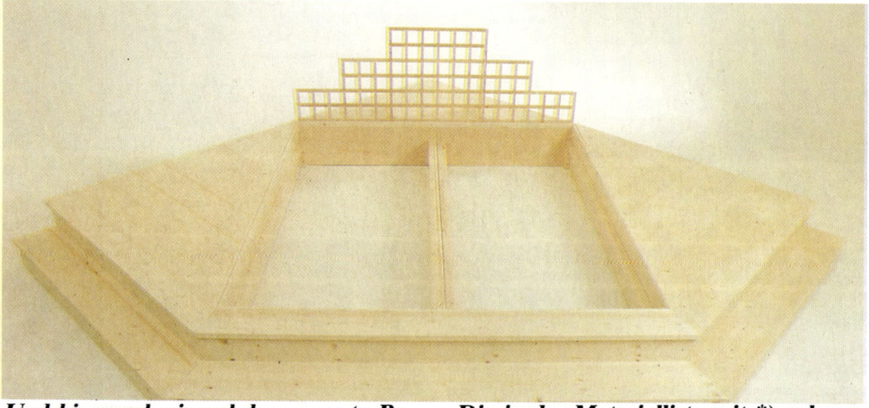

Und hier noch einmal das gesamte Podest im Rohzustand, wobei der Aufbau gut zu erkennen ist. Die Lattenroste für die Matratzen sind unabhängig voneinander auf je zwei Längskonstruktionen gelagert und so angebracht, daß die Matratzen zwar in dem Podest liegen, also nicht verrutschen können, aber dennoch etwas über die Podestfläche ragen.

*Die in der Materialliste mit *) gekennzeichneten Maße müssen den jeweiligen Gegebenheiten angepaßt werden. Das ist auch erforderlich, falls Ihre Zimmerecke nicht genau rechtwinklig ist. Kleinere Abweichungen lassen sich allerdings mit Hilfe von Deckleisten optisch korrigieren.*

Ein Bett hat's in sich

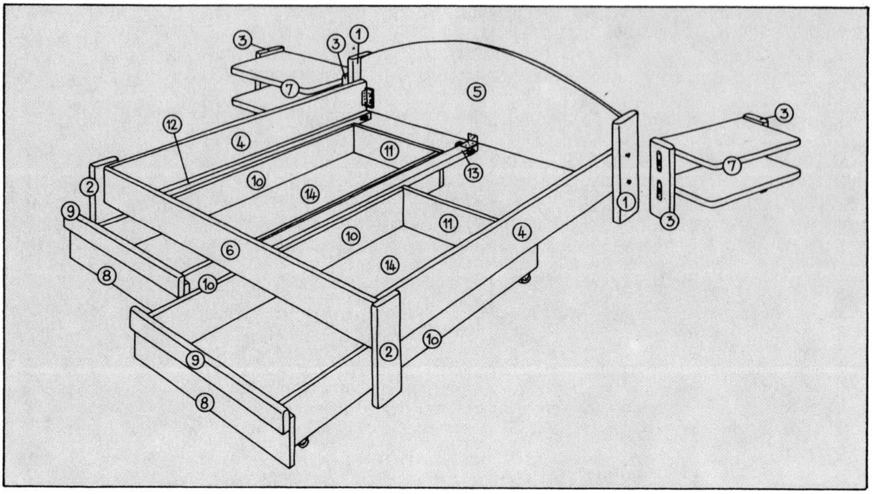

Die untere Kante der Griffleisten (9) so anschrägen, daß man zum Ziehen der Schublade einen zuverlässigen „Griff" bekommt. Alle Stollen sollten der besseren Optik wegen etwa 10 mm über die angrenzenden Teile hinausragen. Die Schubladenböden sind einfach untergesetzt und angeschraubt.

Ein Doppelbett nimmt natürgemäß eine ganze Menge Platz ein. Bei den meisten Betten findet sich darunter toter, also nicht nutzbarer Raum. Ganz anders bei unserem Vorschlag: dem Doppelbett mit Riesenschubladen.

Ausgangsbasis für die Größe des Doppelbettes sind zwei Sprungrahmen für ein Zwei-Meter-Bett in einer 80er-Breite. Verwenden Sie Lattengestelle anderer Dimensionen, müssen Sie lediglich einige Maße anpassen, das Bauprinzip bleibt gleich.

Der Zuschnitt braucht bis auf einen Fall nicht näher erklärt zu werden. Um die Rundung der Kopfplatte anzuzeichnen, sollten Sie folgenden Trick anwenden: Die Platte flach auf den Boden legen und genau in der Mitte, also bei 830 mm, eine Hilfslinie ziehen, die Sie über die Platte hinaus noch 903 mm weit auf dem Boden weiterführen. Dort am Ende liegt der Drehpunkt für die Kontur (zur Markierung gegebenenfalls vorher ein Band aufkleben). Mit Schnur und Bleistift läßt sie sich von dieser Stelle aus anreißen.

Die 40 mm dicken Stollen leimen Sie mit Dübeln an Kopfplatte bzw. Fußteil. Die Tischchen kommen jeweils mit nur einem Stollen-Paar aus, weil sie später mit sogenannten Bettverbindern angehängt werden. Recht praktisch sind die Beschläge aus Kunststoff für die Seitenteile, da man hier die Steckverbindung durch einen Klappbügel einfach und dauerhaft sichern kann.

Alle sichtbaren Kanten sollten Sie deutlich runden. Das kann mit einem Hobel, aber auch mit einem Viertelstab-Fräser geschehen.

Für die Behandlung der Holzteile, schleift man zunächst mit 220er-Papier, streicht mit Einlaßgrund und versiegelt nach den üblichen Zwischenschliffen zweifach mit einem Seidenglanzlack.

Mit jeweils drei Dübeln leimt man die Stollen fest an Kopfplatte und Fußteil.

Die Seitenteile ohne Leim zusammenstecken und mit den Verbindern mit Klappbügel sichern.

Materialliste

Pos.	Anz.	Bezeichnung	Maße in mm	Material
1 2 3	2 2 4	Kopfstollen Fußstollen Stollen	560 × 120 390 × 120 390 × 120	Leimholz 40 mm dick
4 5 6 7 8 9	2 1 1 4 2 2	Seitenteile Kopfplatte Fußteil Böden Frontplatten Griffleisten	2000 × 220 1660 × 600 1660 × 180 420 × 350 825 × 180 825 × 70	Leimholz 30 mm dick
10 11	4 2	Seitenteile Rückwände	1900 × 160 682 × 160	Leimholz 20 mm dick
12	2	Auflageleisten	2000 lang	Kiefer 40 × 30 mm
13	1	Mittelauflage	2000 lang	Kiefer 60 × 40 mm
14	2	Böden	1930 × 682	Hartfaser 3,4 mm dick

16 starre Möbelrollen, 28 mm hoch; 2 Winkelverbinder, 70 × 70 × 55 (Bierbach); 4 Bettverbinder, 70 × 20 mm; 4 Bettbeschläge (Häfele 482.04.137); Holzdübel ∅ 10 × 40; Holzleim.

Die seitlichen Ablagen stehen auch auf zwei Beinen sicher, weil sie über Bettverbinder an den Stollen befestigt sind.

Die Mittelauflage läßt sich leicht einhängen, wenn die Winkel entsprechend aufgebohrt sind.

Jede Schublade erhält vier gegenläufig angeschraubte Rollen zur seitlichen Führung.

Die Auflageleisten für die Lattenroste so an die Seitenteile setzen, daß die Matratze später 5 – 7 Zentimeter übersteht.

Viel Möbel, wenig Raum

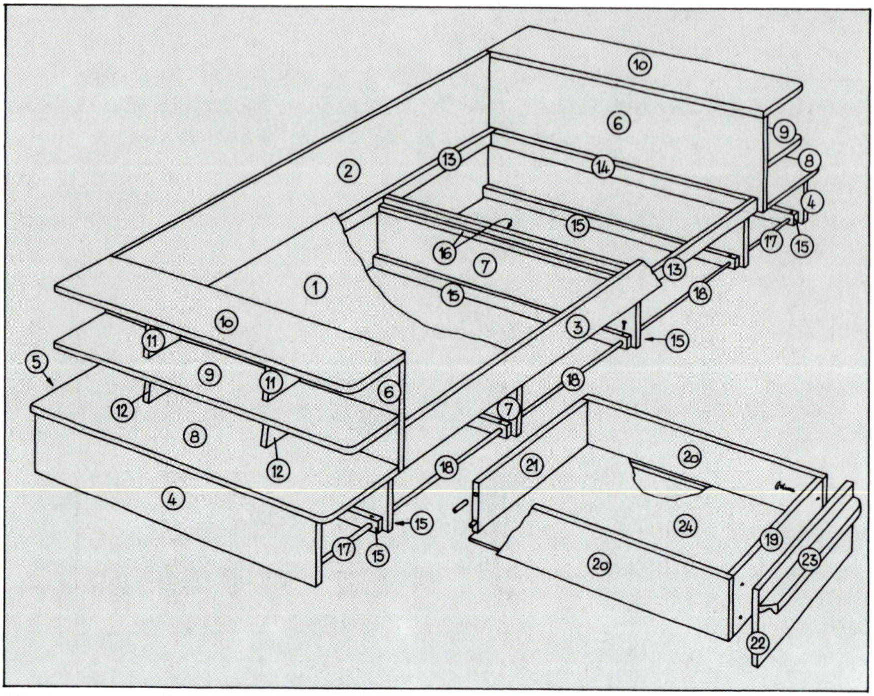

Den genauen Aufbau dieses Kombinationsmöbelstückes zeigt Ihnen die Explosionszeichnung. Beachten Sie bitte die unterschiedlichen Maße der Schubladen.

Unser Bauvorschlag für ein Universalmöbel ist nicht nur preiswerter als fertig gekaufte Schlafsofas, sondern läßt sich auch mit wenigen Änderungen individuell an alle Raum- und Matratzenmaße anpassen. Das Material – hauptsächlich beschichtete Spanplatte – ist unempfindlich und preiswert, der Aufbau auch für weniger geübte Heimwerker kein Problem. Die Platten

Die Stützwände, Außenstützen und Rückwände werden U-förmig verleimt und verdübelt; anschließend montiert man die Laufleisten für die Schubkästen und setzt vorn zur Stabilisierung Distanzleisten ein.

schneidet man Ihnen im Baumarkt nach den Maßen in der Materialliste zu, nur die vorderen Ecken der Seitenteile müssen Sie noch selbst abrunden (dann tut es nicht so weh, wenn man mal dagegenläuft). Die sichtbaren Kanten werden mit Umleimer verkleidet. In den Schubladen aus Tischlerplatte findet außer der Bettwäsche alles einen Platz, was seltener gebraucht wird.

Materialliste

Pos.	Anz.	Bezeichnung	Maße in mm	Material
1	1	Bettboden	2000 × 900	Tischlerpl. 12 mm
2	1	Rückwand	2000 × 600	
3	1	Blende	2000 × 150	
4	2	Außenstützen	890 × 200	
5	2	Rückwände	370 × 200	
6	2	Stützwände	940 × 581	beschichtete
7	2	Mittelstützen	871 × 240	Spanplatte
8	2	Böden	940 × 400	19 mm
9	2	Böden	940 × 280	
10	2	Böden	940 × 260	
11	4	Stützen	180 × 150	
12	4	Stützen	163 × 150	
13	2	Rahmenträger	2000 lang	Fichte
14	2	Rahmenträger	840 lang	40 × 30 mm
15	10	Laufleisten	850 lang	Fichte 40 × 20 mm
16	4	Laufleisten	820 lang	Fichte 15 × 15 mm
17	2	Distanzhölzer	380 lang	Ramin
18	3	Distanzhölzer	654 lang	Ø 15 mm
19	3 (2)	Kastenblenden	617 (333) × 155*)	
20	10	Seitenteile	800 × 155	Tischlerpl.
21	3 (2)	Rückwände	617 (333) × 140	16mm
22	3 (2)	Frontblenden	649 (365) × 190	
23	3 (2)	Griffleisten	649 (365) lang	Fichte 40 × 30 mm
24	3 (2)	Böden	629 (345) × 785	beschichtete Hartfaser 5 mm dick

Ca. 30 m Umleimer (weiß); Holzdübel 10 × 40 für Korpus, 8 × 40 für Schubladen; Spanplattenschrauben; Nägel; Holzleim; Möbelverbinder.
*) Die Werte in Klammern gelten für die beiden schmalen Schubladen.

Nach der Grundkonstruktion (vgl. Foto Seite 28) werden jetzt die Trageböden für die Bücher bzw. Kleinkram vorbereitet, also mit Dübeln und den entsprechenden Löchern versehen; getragen und stabilisiert werden diese Auflagen durch jeweils zwei Stützen.

Vor dem endgültigen Verleimen steckt man die gesamte Konstruktion zusammen und prüft vor allem sehr sorgfältig, ob die rechten Winkel auch genau eingehalten wurden. Alle sichtbaren Kanten werden mit weißen Umleimern verkleidet.

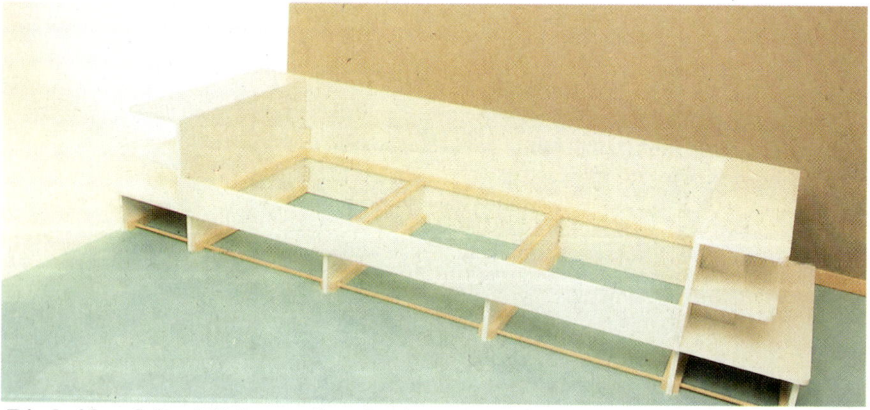

Die beiden Seitenblöcke werden durch Rückwand, Frontblende, Rahmenträger und Distanzhölzer verbunden. Die in der Materialliste aufgeführten Maße sind für eine Matratzengröße von 200 × 90 cm berechnet. Das Foto verdeutlicht den Aufbau des Bett-Teils und die fünf Öffnungen für die Schubfächer. Bestechend an dem Möbelstück: die optimale Ausnutzung des sparsamen Platzangebots.

Schlafen zwischen Modulen

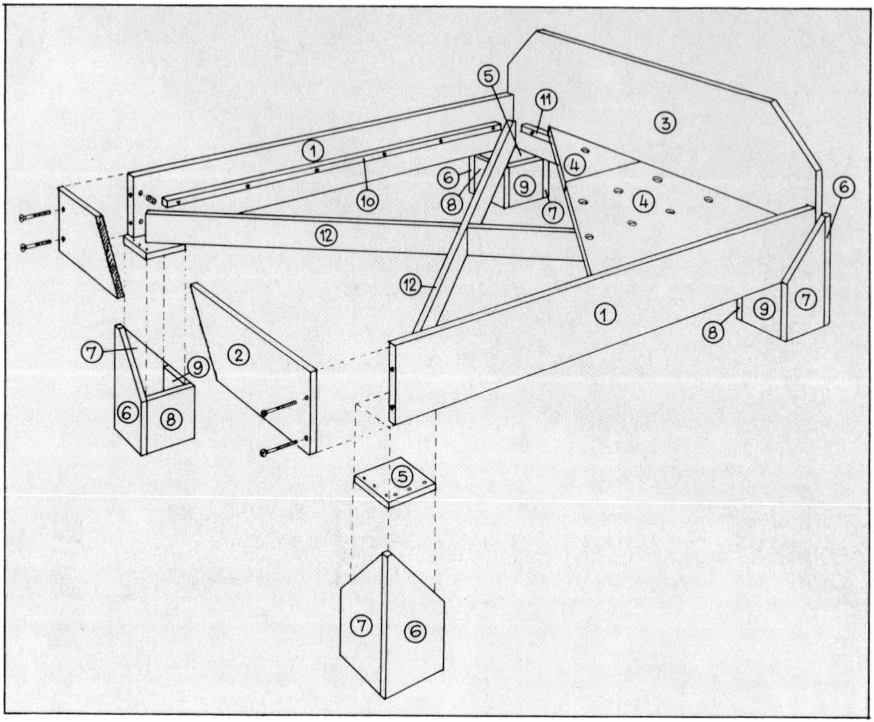

Die Explosionszeichnung zeigt Ihnen, wie Sie die Einzelteile zusammenfügen müssen. Die Positionsziffern finden Sie auf der Materialliste wieder.

Sind Ihnen die Möbel von der Stange schlichtweg zu langweilig? Dann dürfte unsere Idee des Eckmoduls für Tisch und Bett ganz sicher Ihr Interesse wecken. Vielleicht entwickeln Sie sogar eigene Varianten, die das System sinnvoll ergänzen.

Nachstehend finden Sie ein Bett und einen Tisch (S. 35 – 38), die beide nach demselben Prinzip konstruiert wurden und leicht nachbaubar sind. Konzentrieren wir uns zunächst auf das Bett: Grundbestandteil sind die tragenden Elemente, nämlich die „Module“. Sie bestehen, wie auch die meisten anderen Teile, aus 19-mm-Spanplatte. Allerdings brauchen Sie für das Bett noch einen Rahmen, der durch Diagonalträger verstärkt wird. An der Unterseite des Rahmens befestigt man außen vier Quadrate, die genau dem Innenmaß der Eckmodule entsprechen und dem Rahmen als Auflage dienen. Diese sehr stabile Verbindung muß nicht durch Leim oder Schrauben gesichert werden und erleichtert so eine eventuelle Demontage des Bettes.

Betten sind heute – glücklicherweise – nicht mehr in der Größe genormt. Daher können Sie die Maße Ihrer Schlafstätte selbst bestimmen, sollten sich allerdings am besten nach den Größen gängiger Matratzen richten. Sonderanfertigungen sind natürlich teurer. Unser Beispiel beschreibt ein Bett mit zwei Matratzen von jeweils 185 × 85 cm; das bedeutet, daß das Innenmaß 190 × 170 cm beträgt. Außerdem sind wir davon ausgegangen, daß die Matratzen-Auflage aus zwei Spanplatten bestehen soll, die zum Zweck der Belüftung etwa 25 Löcher mit einem Durchmesser von 20 mm erhalten und mit den Diagonalträgern und den Auflageleisten verschraubt werden.

Das Modul, auf dem alles lastet. Eine solide Auflage für Bett und Couchtisch (S. 35–38).

Materialliste

Pos.	Anz.	Bezeichnung	Maße in mm	Material
1	2	Seitenteile	1900 × 220	Spanplatte 19 mm dick
2	1	Fußteil	1738 × 220	
3	1	Kopfteil	1738 × 550	
4	2	Auflageplatten	1898 × 848	
5	4	Arretierplatten	180 × 180	
6	4	Eckmodulteile	400 × 220	
7	4	Eckmodulteile	400 × 201	
8	4	Eckmodulteile	200 × 200	
9	4	Eckmodulteile	200 × 181	
10	2	Auflageleisten	1800 lang	Kiefer 25×25 mm
11	2	Auflageleisten	1600 lang	
12	2	Diagonalträger	2500 lang	Kiefer 120×20 mm

8 Montage-Schrauben M6×60 mit Zylinderbuchsen; Spanplattenschrauben; Holzleim.

Alle Kanten gut mit Holzleim bestreichen, dann stumpf zusammenfügen und vernageln.

Die Auflageleisten für die Matratzen werden an der Innenseite des Bettrahmens mit Leim und kurzen Holzschrauben befestigt.

Vier Spanplatten-Quadrate an der Unterseite des Bettrahmens bilden die Verbindung zu den Eckmodulen.

Die Diagonalträger liegen auf den Eckmodulen auf. Im Kreuzpunkt werden sie je zur Hälfte ausgeklinkt.

Der Pfiff steckt in den Ecken

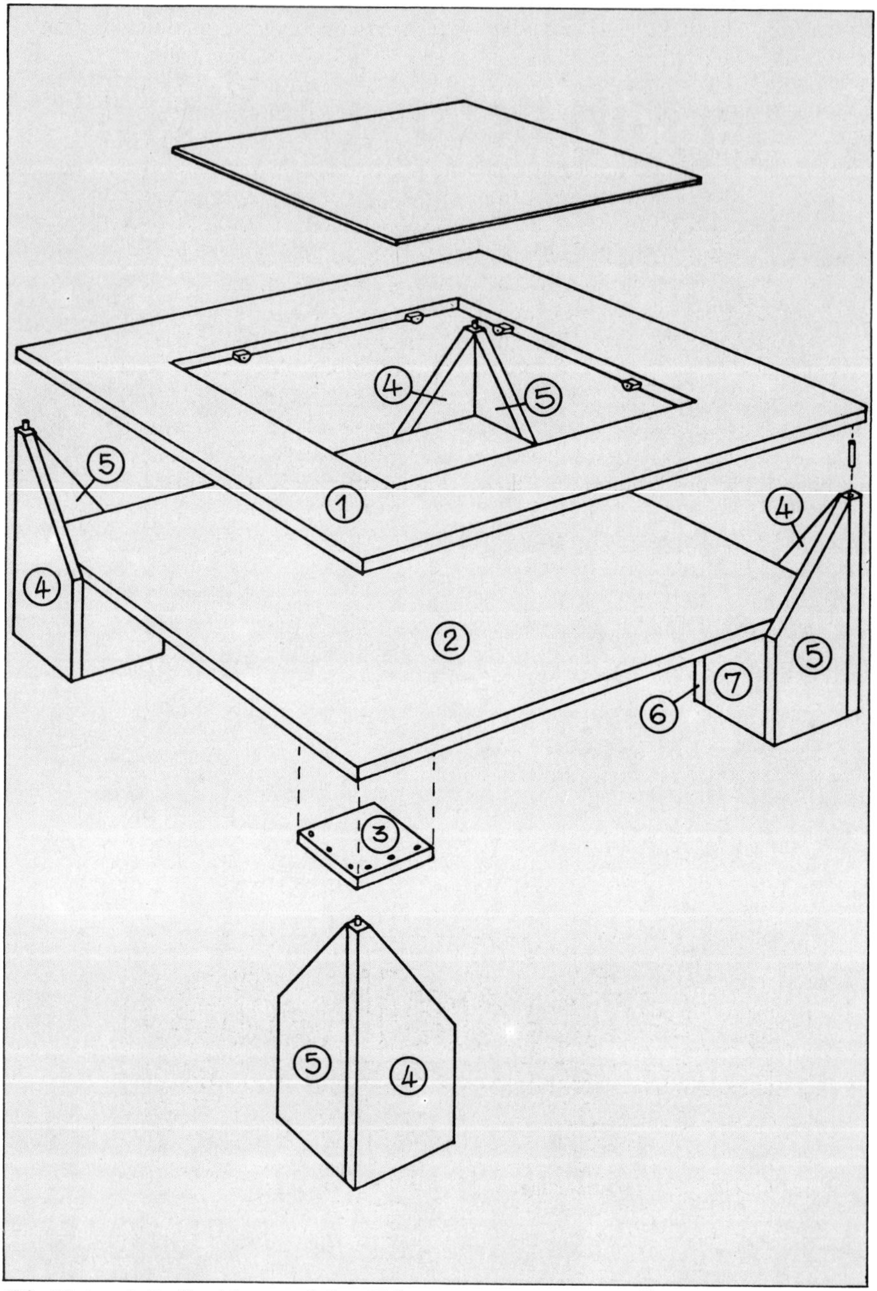

Die Unterplatte liegt lose auf den Eckmodulen auf. Die Oberplatte sitzt auf vier 6-mm-Holzdübeln, die wir mit einem Zentimeter Überstand in die Auflagepunkte der Module eingelassen haben.

Nach dem Bett (S. 31–34) nun der Module zweiter Teil: ein Tisch im gleichen Stil, ungewöhnlich und dennoch praktisch sowie formschön. Vielleicht sehen Sie sich die vorhergehenden Seiten noch einmal an, denn auf ihnen wird das Grundprinzip der „Modulmöbel“ beschrieben.

Und jetzt geht's los: Beim Bau des Tisches werden genau wie beim Bett zunächst die vier Eckmodule zusammengefügt. Die Unterplatte (2) liegt mit vier Arretierplatten (3) in den Modulen, während die größere Tischplatte (1) mit Dübeln auf den Spitzen der Module ruht.

Die Ablagefläche der Unterplatte, also des Zwischenbodens, ist zwar nützlich, aber doch sehr unübersichtlich; daher unser Vorschlag: Sorgen Sie für den richtigen Durchblick, indem Sie die Oberplatte mit einer Glasscheibe versehen. Am besten besorgen Sie sich das Glas gleich in den angegebenen Größen im Fachhandel. Wenn Sie dann die Scheibe auf die Tischplatte legen, die erforderliche Öffnung genau anreißen und mit Stichsäge, Feile und Schleifpapier ausarbeiten, haben Sie die Oberaufsicht über alles. Die Glasplatte ruht auf acht Bodenträgern. Zum Schluß kommt die Oberflächenbehandlung: schleifen, spachteln, schleifen und die mattglänzende Lackierung.

Materialliste

Pos.	Anz.	Bezeichnung	Maße in mm	Material
1	1	Oberplatte	1200 × 1200	Spanplatte 19 mm dick
2	1	Unterplatte	1162 × 1162	
3	4	Arretierplatten	180 × 180	
4	4	Eckmodulteile	400 × 220	
5	4	Eckmodulteile	400 × 201	
6	4	Eckmodulteile	200 × 200	
7	4	Eckmodulteile	200 × 181	

1 Glasscheibe 4 mm dick, 800×800 mm; 4 Holzdübel Ø 6×30; 8 Bodenträger; Spanplattenschrauben; Holzleim.

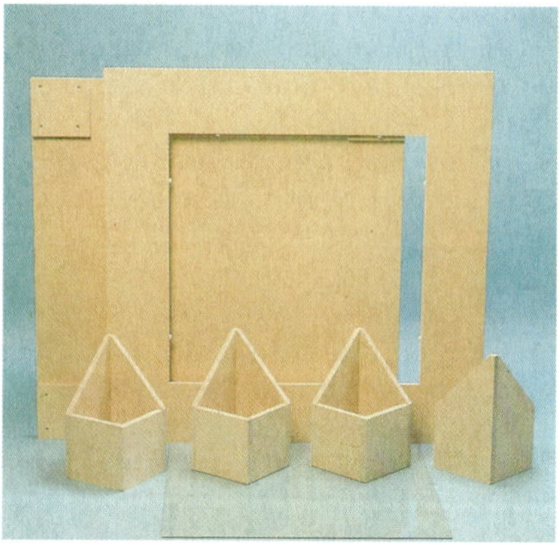

Das Material für den Tisch: vier Eckmodule, eine Unterplatte, eine Oberplatte mit Ausschnitt für die Glasscheibe.

Der Ausschnitt gelingt paßgenau, wenn Sie die Glasplatte auflegen, das Fenster rundherum anreißen und es dann aussägen.

Vier aufgeschraubte Spanplatten-Quadrate lassen die Unterplatte des Couchtischs auf den Modulen ruhen.

Das Verbindungselement von unten durch ein Modul gesehen. Das Spanplatten-Quadrat entspricht genau dem Innenmaß der Ecke, wodurch die ganze Konstruktion ihre Stabilität erhält.

Ordnung für groß und klein

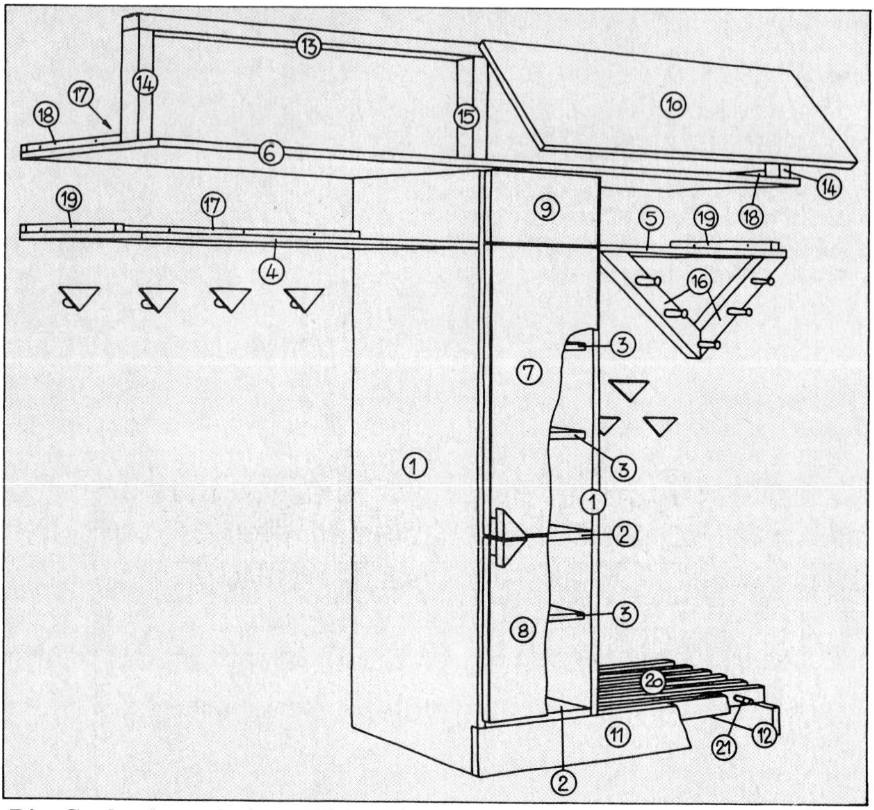

Die Garderobe auf einen Blick: Die beiden „Kofferraum-Klappen" sind an einer Leistenkonstruktion befestigt, die zwischen Kopfplatte und Zimmerdecke geschraubt wird. Als Anschlag für die Klappen dient eine Mittelstütze. Daran können z. B Magnetschnäpper befestigt werden. Auf zusätzliche Griffe kann man verzichten, weil die Klappen unten etwas überstehen. Wird der Stauraum häufiger benutzt, sind Klappstützen, wie man sie bei Küchenherstellern findet, praktisch.

Flure haben oft viele Türen, aber kaum Platz für Mäntel, Schals, Handschuhe und Mützen, Tücher, Taschen, Schirme . . . Eine Möglichkeit, all diese Dinge sinnvoll und dekorativ unterzubringen, zeigen wir hier. Unsere Selbstbau-Garderobe fand in einer 240 × 62 × 250 cm großen Nische ihren Platz. Entsprechend sind die einzelnen Bauteile bemessen und müssen eventuell Ihren örtlichen Gegebenheiten angepaßt werden. Vor dem Bau sollten alle sichtbaren Sägekanten der kunststoffbeschichteten Spanplatten mit Schmelzklebeband versehen werden. Wichtig ist, daß man an den unteren Vorderkanten der Seitenwände (1) Aussparungen herstellt, die später den 19 mm dicken und 150 mm hohen Sockel aufnehmen, und jetzt schon die Löcher für die Topfscharniere bohrt. Ist das Schrankteil aufgestellt, läßt sich mit

Hilfe einer Wasserwaage die Höhe festlegen, in der die Wandträger für die Hutablagen angedübelt werden. So vorbereitet, ist es möglich, die Seitenwände mit den Böden (2) zu verbinden. Der untere Boden wird in einer Höhe von 15 cm eingesetzt, der obere 60 cm darüber. Für alle Verbindungen Holzleim und -dübel verwenden. Die weiteren Arbeitsschritte verdeutlicht unsere Fotofolge. Beachten Sie bitte beim Aufkleben der beiden Kristallspiegel (dafür Türen wieder abnehmen), daß Sie die Spiegel auf Anhieb exakt auflegen, denn das doppelseitige Spiegel-Klebeband läßt ein Verschieben nicht zu.

Materialliste

Pos.	Anz.	Bezeichnung	Maße in mm	Material
1	2	Seitenwände	2030 × 500	beschichtete Spanplatte 19 mm dick
2	2	Böden	500 × 420	
3	3	Einlegeböden	450 × 418	
4	1	Hutablage	1200 × 500	
5	1	Hutablage	738 × 500	
6	1	Kopfplatte	2395 × 590	
7	1	Schranktür	974 × 452	
8	1	Schranktür	600 × 452	
9	1	Lampenblende	300 × 452	
10	2	Klappen	1183 × 470	
11	1	Sockelbrett	1198 × 150	
12	2	Trägerleisten	480 × 100	
13	1	Deckenleiste	2315 lang	Fichte 60×40 mm
14	2	Wandleisten	450 lang	
15	1	Mittelstütze	410 lang	
16	2	Trägerleisten	500 lang	
17	3	Wandträger	1200 lang	Fichte 25×25 mm
18	2	Wandträger	500 lang	
19	2	Wandträger	400 lang	
20	7	Rostlatten	738 lang	Fichte 50×20 mm
21	2	Dübelstangen	480 lang	Buche ∅ 10 mm

je 1 Kristallspiegel, 4 mm dick, 973×451 und 599×451; 4 Magnetschnäpper; 2 Paar Topfscharniere mit Arretierung; doppelseitiges Spiegel-Klebeband; 12 Bodenträger; 5 Aufhänger aus Buche, 22 mm ∅; Türgriffe, Aufhänger und Aufhängerblenden aus Restholz; 2 Klavierbänder, 1150 lang (für die Klappen); Spanplatten-Schrauben; Holzleim; Umleimer.

Das Schrankelement in der Mitte wird aus Seitenwänden (1) und Böden (2) zusammengesetzt. Die Türen dieses Elements dienen zwei Ankleidespiegeln als „Halterung", die mit doppelseitigem Spiegel-Klebeband auf ihnen befestigt werden.

Ungewöhnlich, aber dennoch haltbar: Die Hutablagen werden von unten unter Wandträger geschraubt. Dasselbe geschieht mit der Kopfplatte. Vorteil: Die Träger sind nicht mehr sichtbar, sobald die Kästen geschlossen sind.

Klavierbänder halten die Klappen und verleihen ihnen Beweglichkeit. Benutzt man diesen Stauraum häufig, kann man sich Klappstützen besorgen, die die Fachtüren nach Belieben offenhalten.

Der Lattenrost (20) für Schuhe in der Kindergarderobe wird schnell und einfach aus Fichtenholzleisten und zwei Dübelstangen zusammengeleimt.

Stehbüro mit Pinnwand

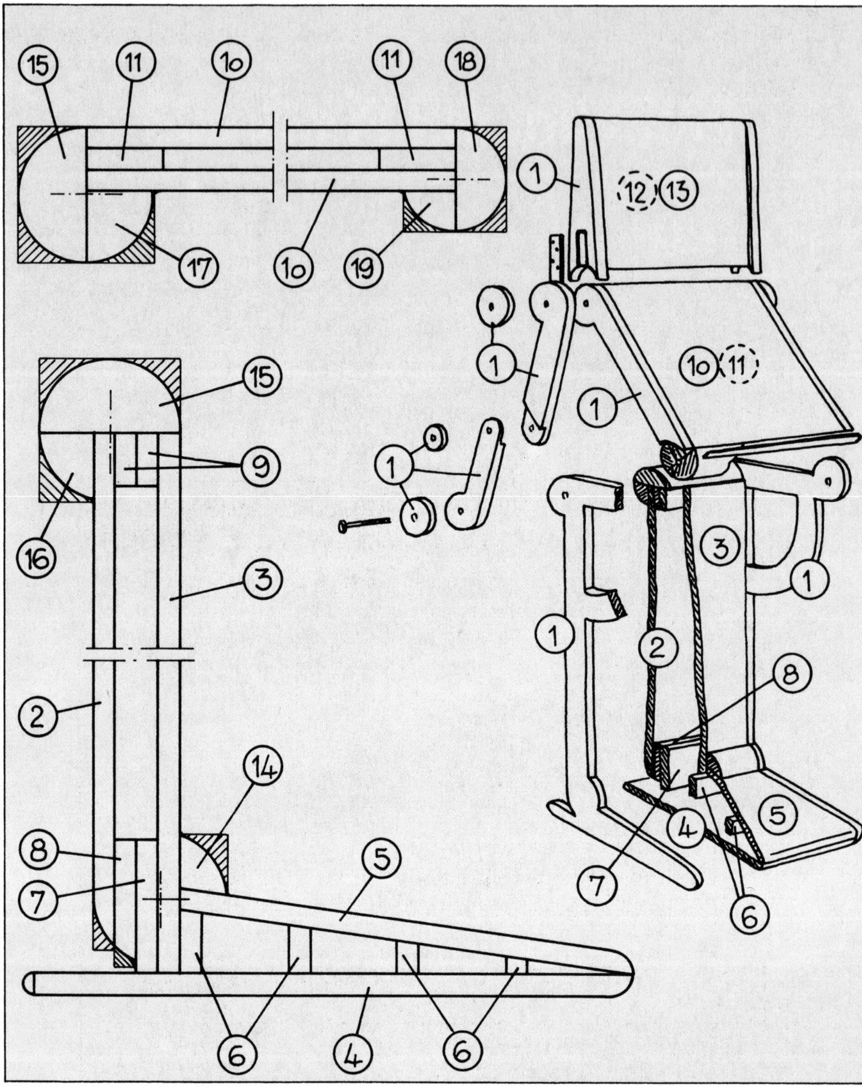

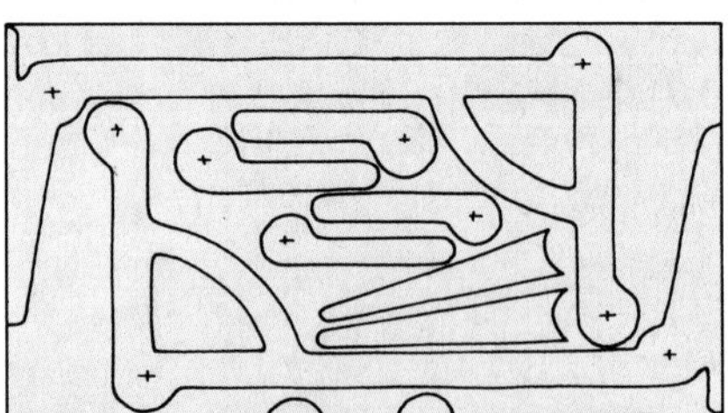

Aus der Dicke der beiden Platten (10) und der Distanzstücke (11) ergibt sich eine Breite von 48 mm für die Seitenteile. Die Klapp-Schenkel sind 45 mm breit und von Bohrung zu Bohrung 200 mm (unten) bzw. 300 mm lang.

Zuschnittvorschlag: So nutzen Sie optimal die Multiplex-Platte.

Im Stehen lassen sich manche Arbeiten besser verrichten. Daher unser Vorschlag für ein variables Pult. Greifen Sie zu Zirkel und Lineal und legen zunächst die Umrisse aller Seitenteile nach den Zeichnungen in Originalgröße auf Papier fest. Fehlende Maße lassen sich anhand der Explosionszeichnung in Verbindung mit der Materialliste errechnen. Wenn Einzelheiten und Zusammenhänge auf diese Art und Weise klargeworden sind, übertragen Sie die Pläne auf Multiplex-Platte. Das teure Material nutzt man am besten, wie es unser Zuschnitt-Vorschlag zeigt. Wichtig: Markieren Sie die Mittelpunkte aller Kreis-Segmente dauerhaft, sonst finden sie sich später zum Bohren nicht wieder. Das Aussägen ist nicht ganz einfach: Auf langen Außengeraden

Materialliste

Pos.	Anz.	Bezeichnung	Maße in mm	Material
1	1	Platte	1200 × 680	Multiplex 20 mm dick
2	1	Stützwand	890 × 580	
3	1	Stützwand	904 × 580	
4	1	Bodenplatte	470 × 580	
5	1	Fußplatte	365 × 580	
6	4	Rippen	200 × 580*)	Tischlerpl.
7	1	Distanzstreifen	105 × 580	16 mm dick
8	1	Distanzstreifen	100 × 580	
9	2	Distanzstreifen	40 × 580	
10	2	Pultplatten	500 × 580	
11	2	Distanzstreifen	60 × 580	
12	1	Kernplatte	415 × 620	
13	2	Pinnplatten	420 × 620	Dämmplatten 12 mm
14	1	Viertelholz	580 lang	Kiefernholz 50×40 mm
15	2	Halbrundholz	580 lang	Kiefernholz 100×50mm
16	1	Viertelholz	580 lang	Kiefernholz 50×40 mm
17	1	Viertelholz	580 lang	Kiefernholz 52×50 mm
18	1	Halbrundholz	580 lang	Kiefernholz 80×40 mm
19	1	Viertelholz	580 lang	Kiefernholz 40×35 mm

2 Alu-Streifen 140×40 mm; 1 Alu-Streifen 580×20mm; Schnellbauschrauben; 4 Gewindeschrauben M 6×40 mit Rampa-Muffen; 2 Gewindeschrauben M 6×30 mit Rampa-Muffen; 2 Gewindeschrauben M 6×30 mit Einschlagmuttern; Stoff für Pinnwand; Gummimatte (Fußauflage); Holzleim; Spachtelfarbe.
*) für Rippenbreiten 12,5/25/37,5 und 50 mm.

spurt eine Bandsäge besser als eine Stichsäge, ohne die wiederum in den Kurven nichts geht. Unstimmigkeiten zwischen zusammengehörenden Gelenkscheiben und Verstellknöpfen fallen später unangenehm auf. Die Radien konkav ausgeschnittener Teile sollen je einen Millimeter größer sein als die der konvexen Gegenstücke. Vor dem Zusammenbau rundet man die Vorder- und Hinterkanten der Schreibplatte sowie das starre Fuß-„Gelenk" mit dem Hobel weitgehend ab;

Wenn alle Teile sauber geschliffen sind, werden sie mit den Platten verleimt und verschraubt. Die längeren Schrauben mit Rampa-Muffen gehören nach hinten; vorne, wo die „Verstellknöpfe" Zierat sind, genügen die kürzeren. Das Mittelgelenk des Klappmechanismus dreht sich um Gewindeschrauben, gehalten von Einschlagmuttern. Die Pinnwand besteht aus Kernplatte und aufgeklebtem 12-mm-Dämm-Material, das mit Stoff überzogen wird. Man befestigt sie an den Pultseiten durch je einen Alu-Streifen, dessen Bohrung auf die durchgehende Gewindeschraube paßt.

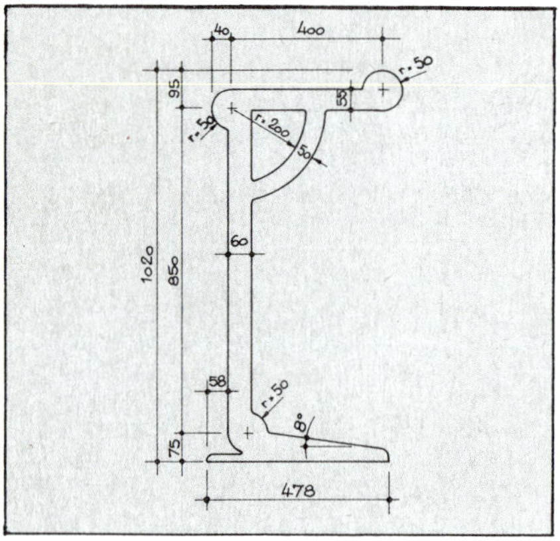

Diese Zeichnung sollten Sie maßstabsgetreu übertragen.

Die Basis des Pults bilden die beiden Seitenteile und die beiden Platten.

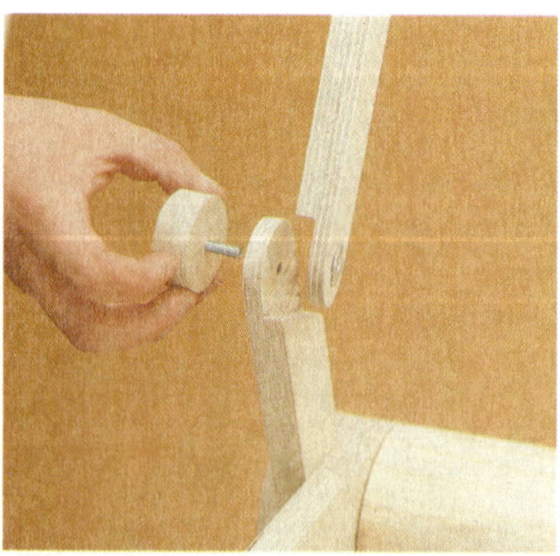

Die 45°-Winkel des Gelenks setzen 37 mm vom oberen Ende entfernt an.

Für leichte Verstellbarkeit sorgt die Gewindeschraube mit Einschlagmutter.

Auf die Spitze getrieben

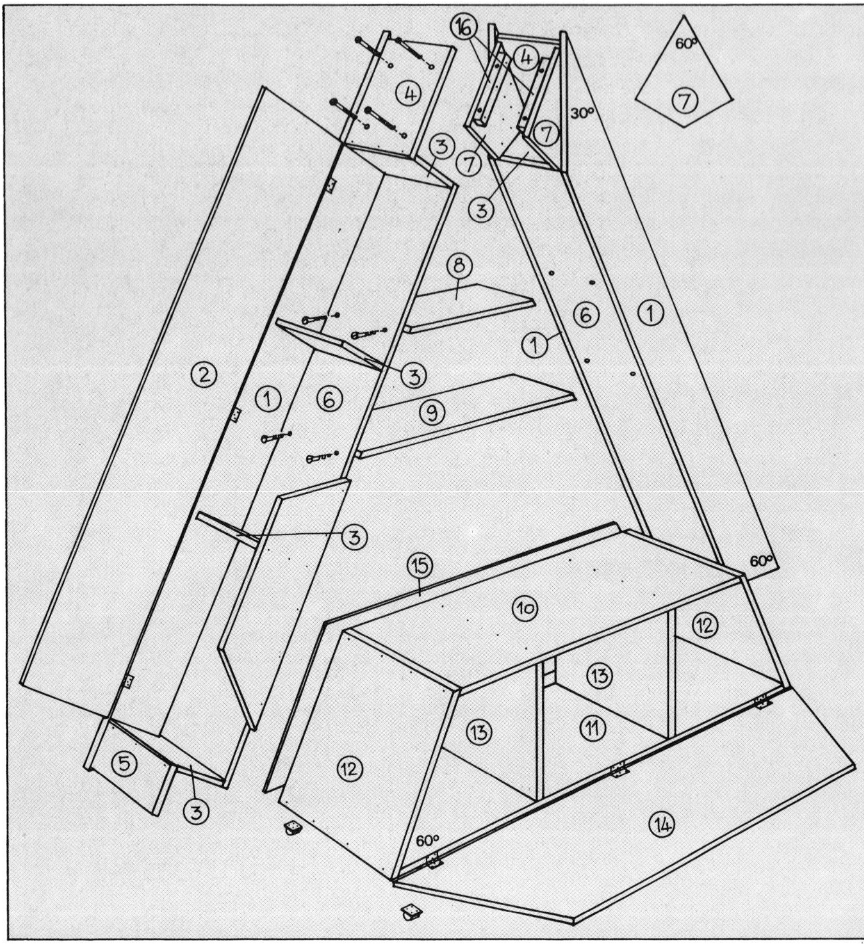

Merkwürdig: Warum eigentlich mögen in Hobbykellern fast ausschließlich Möbel traditionellen Zuschnitts entstehen? Wo die doch meist in bezug auf Material und Verarbeitung wesentlich mehr Aufwand erfordern als ein Regalschrank wie dieser, der dennoch – in zeitgemäß-kühler Umgebung, versteht sich – als Kunstwerk wirkt?
Geschmackssache? Vielleicht schreckt auch die Vorstellung ab, daß ein solches Edelstück, fertig gekauft, ein paar Tausender kostet. Da mag man fast nicht glauben, daß unser Überdreieck aus der eigenen Werkstatt nur ca. 300–400 Mark kostet. Aber Sperrholz ist nun mal nicht allzu teuer, und da die Oberflächen auf jeden Fall beschichtet werden – ob mit Lack oder Folie, spielt keine Rolle –, ist es das geeignete Material. Dünner als 15 mm sollte es allerdings nicht sein; immerhin hat die zierliche Konstruktion Gewichtiges zu tragen, wenn die Regale gefüllt sind.
Mit exaktem Zuschneiden ist das Wichtigste schon getan. Die Maße der Mate-

rialliste beziehen sich jeweils auf die Außenkanten, also auf die längsten Seiten der Wände. Unsere Explosionszeichnung informiert über alle Details. Legen Sie vor der Montage die zugeschnittenen Elemente auf dem Boden probeweise zu einem gleichseitigen Dreieck zusammen. Nur wenn sich die benachbarten Winkel genau zu 60° ergänzen, kann eine solide Geometriearbeit daraus werden. Bedenken Sie vor allem, daß dem Dreieck sozusagen der Boden fehlt: Die beiden Schenkel werden nur oben, nicht aber an der Basis miteinander verbunden. Um so mehr Sorgfalt und Aufmerksamkeit braucht die Spitze. Nehmen Sie hier – außer Leim – Schrauben zum Fixieren; ebenso für die beiden Zwischenböden, weil die zusätzlichen Halt geben. Ihre Kanten müssen auf 60° abgeschrägt werden. Dann schraubt man sie durch die Seitenplatten hindurch an. Alle anderen Verbindungen sind mit ein paar Nägeln ausreichend gesichert, bis der Leim abbindet.

Wenn alle Schraub- und Nagellöcher zugespachtelt sind, geht's ans Schleifen und Grundieren. Falls Sie den Lack sprühen möchten: bitte ohne FCKW. Ansonsten tut's die Rolle fast genausogut. Tragen Sie auch dort Lack auf, wo später selbstklebende Folie glänzen soll. Die haftet nämlich auf einer homogenen Lackfläche besser als auf dem rohen Sperrholz.

Materialliste

Pos.	Anz.	Bezeichnung	Maße in mm	Material
1	4	Vorder-/Rückwände	2082×200	Sperrholz 15 mm dick
2	2	Klappen	1586×266	
3	14	Böden	270×170	
4	2	Kopfplatten	335×270	
5	2	Fußplatten	122×270	
6	2	Seitenplatten	1620×270	
7	2	Verbinder	320×320	
8	1	Zwischenboden	442×300	
9	1	Zwischenboden	788×300	
10	1	Kopfplatte	1140×385	
11	1	Bodenplatte	1527×385	
12	2	Seitenplatten	413×385	
13	2	Zwischenwände	385×320	
14	1	Frontklappe	1562×350	
15	1	Rückwand	1562×350	Sperrholz 4 mm
16	2	Verstärkungsleisten	280 lang	Kiefer 20×20 mm

9 Scharniere 40×25 mm; 3 Möbelknöpfe; Möbelrollen, 25 mm hoch; Spanplatten-Schrauben 4,0×40 mm; Nägel; Holzleim.

Zunächst werden die Vorder- und Rückwände zugeschnitten – unten auf 60°, oben auf 30°. Die Verbindungen werden geleimt und genagelt.

Die Spitze wird am stärksten belastet und benötigt daher entsprechend zugeschnittene Verstärkungsplatten, auf denen Leisten so befestigt werden, . . .

. . . daß Gewindeschrauben hindurchgesteckt oder Spanplatten-Schrauben ins volle Holz gesetzt werden können. Dann werden Zwischen- und Seitenwände des Rollkastens montiert.

Jetzt werden die Kanten des Rollkastens bündig gehobelt, die Rückwand befestigt, die Möbelrollen montiert und die Klappe mit drei Scharnieren angebracht. Desgl. die beiden Klappen des Dreiecks, und wenn dessen beide Zwischenböden eingeleimt und genagelt sind, steht der Rohbau.

Aus Gasbeton und Spanplatte

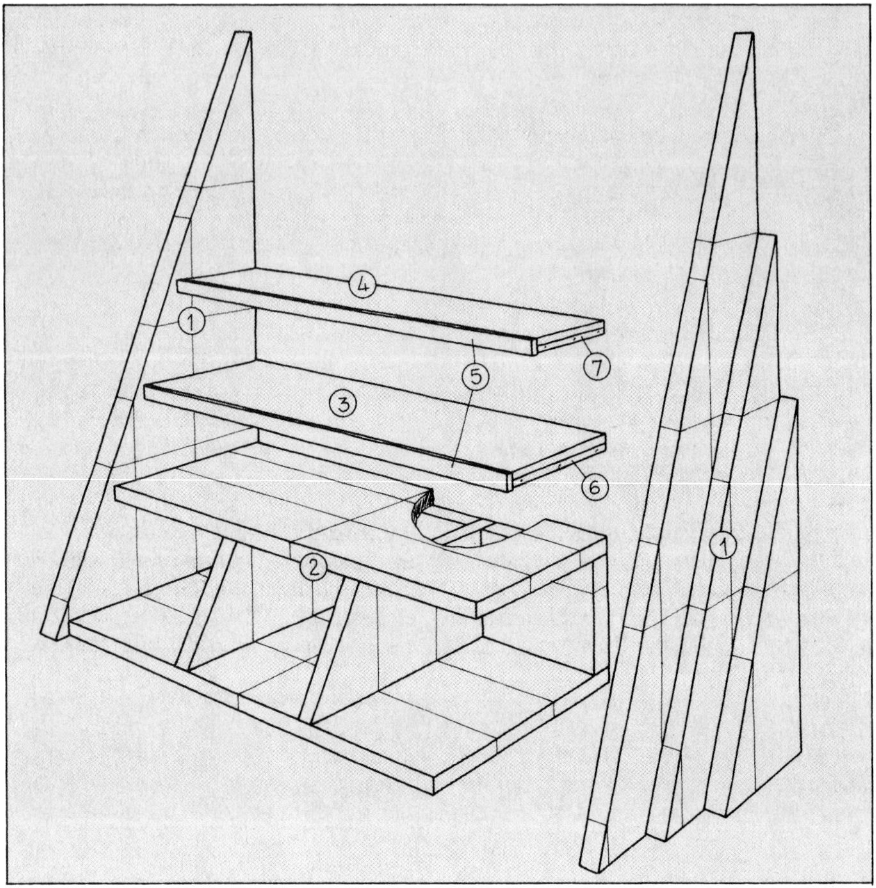

Hier der schematische Aufbau des Regals. Der Untergrund muß völlig glatt, eben und hart sein, um eine Rißbildung im Mauerwerk zu vermeiden. Der Winkel in den Spitzen der Seiten mißt 22°. Das lichte Maß zwischen zweitem und drittem sowie drittem und viertem Boden des Regals beträgt jeweils 30 cm.

Wer möchte das nicht? Sich ganz individuell einrichten und durch eigene Arbeit noch ein ansehnliches Sümmchen sparen. Wenn Sie für extravagante Möbel schwärmen, ist unser Regal sicher genau das richtige. Ungewöhnlich ist hier nicht nur die Form, sondern auch das Material: Planbauplatten aus Gasbeton.

Der ideale Untergrund ist ein völlig ebener Estrich. Aber auch auf glatten, harten und ebenen Untergründen wie PVC-Böden, Parkett und Fliesen mauert man ohne Ausgleichsschichten. Dabei sollte jedoch immer eine großzügig bemessene Folie oder unbesandete Dachpappe plan ausgelegt werden, deren Überstände man nach der Baubeendigung mit einem Teppichmesser abschneidet.

Sägen Sie zuerst – mit dem Fuchsschwanz oder einer Stichsäge mit Spezialsägeblatt – die Platten zu, die sich nicht in ihren Fertig-Maßen verbauen lassen: Für die Seiten Rechtecke aus den benötigten Platten legen, deren Zahl Sie der Zeichnung entnehmen. An den Unterkanten der Rechtecke jeweils das Maß der entsprechenden Dreiecksseite markieren: beim großen Dreieck sind es 808, beim mittleren 606 und beim kleinen 404 mm. Von der oberen rechten Ecke aus nun eine Linie bis zu dieser Markierung ziehen, zum Beispiel mit einer langen Latte als Lineal und einem Helfer, der die Latte festhält.

Numerieren Sie Steine und Zuschnitte, dann gibt's beim Verkleben keine Probleme mit der richtigen Zuordnung. Zwischenwände und Rückwand sind 35 cm hoch, dabei sind die vorderen Platten der Zwischenwände wie die Seiten abgeschrägt: Bei 35 cm Höhe mißt die Unterkante 25, die Oberkante 11 cm. Der oberste Streifen der Rückwand und der hinterste Streifen des zweiten Bodens bestehen aus Reststücken.

Zum Verbinden der Platten können Sie Spezialmörtel für Gasbeton oder aber einen zementgebundenen Fliesenkleber verwenden. Überall dort, wo es möglich ist, verbindet man die Platten auch mit der Zimmerwand.

Setzen Sie erst den Boden aus sechs Platten. Anschließend bauen Sie die Rückwände und die Zwischenwände auf. Es folgen der zweite Boden und die Seiten, wobei man die Bodenplatten bis zum Abbinden des Mörtels oder Klebers mit Kantholzzuschnitten stützt. Bei den Seiten verkleben Sie erst die ganzen Platten eines Dreiecks und setzen dann die zugeschnittenen Teile an. Sollten beim Sägen größere Ungenauigkeiten entstanden sein, gleicht man sie noch vor dem Verputzen mit einem Schleifbrett aus. Auch zu breit geratene Fugen werden jetzt noch mit Spachtelmasse ausgefüllt. Dazu lassen sich alle handelsüblichen, auf Gipsbasis hergestellten Spachtelmassen verwenden. Beim Verputzen mit Glättputz für Gasbeton erhält das Bauwerk Eckschutzleisten am zweiten Steinboden und an den großen Dreiecken der Seiten. Die Putzschicht sollte etwa 3 bis 5 mm dick sein.

Materialliste

Pos.	Anz.	Bezeichnung	Maße in mm	Material
1	24	Planbauplatten	500 × 250	Gasbeton 75 mm dick
2	18	Planbauplatten	625 × 250	Gasbeton 50 mm dick
3 4	1 1	Boden Boden	1250 × 430 1250 × 290	Spanplatte 22 mm dick
5	2	Blendleisten	1250 lang	Kiefer 50×20 mm
6 7	2 2	Trägerleisten Trägerleisten	430 lang 290 lang	Kiefer 20×20 mm

12 Schrauben 5,0×70; 12 Gasbetondübel; Spanplatten-Schrauben; Holzleim; Dünnbettmörtel; Glättputz; Eckschutzschienen.

Die verputzte Fläche ebnen, nach dem Anziehen annässen und mit einer Schwamm- oder Filzscheibe glätten. Ist der Putz trocken, schleift man rauhe Stellen noch einmal mit Schleifpapier. Anschließend lackieren Sie das Regal zwei- bis dreimal mit Acryllack.

Die Spanplatten-Böden erhalten Blendleisten – der Optik wegen und auch zur Stabilisierung. Die Böden sind auf je zwei Trägerleisten verschraubt, die man zuvor mit Gasbetondübeln an den Seitenwangen befestigt hat. Dann alle Schraubenlöcher spachteln und schleifen, ehe Sie Leisten und Böden grundieren und lackieren.

Da es sich um ein unbewegliches Möbel handelt, sollte man schon bei der Planung daran denken, ob und wo Elektroanschlüsse benötigt werden. Im Idealfall können sie unmittelbar im Regal installiert werden, was eine ganze Menge Kabelsalat vermeiden hilft.

Die beiden oberen Regalböden bestehen aus Spanplatten, vor die Blendleisten geleimt wurden, um ihnen so eine größere Stabilität zu verleihen und sie optisch den beiden unteren Böden aus Planbauplatten anzugleichen.

Die einfache Dreiecksgeschichte

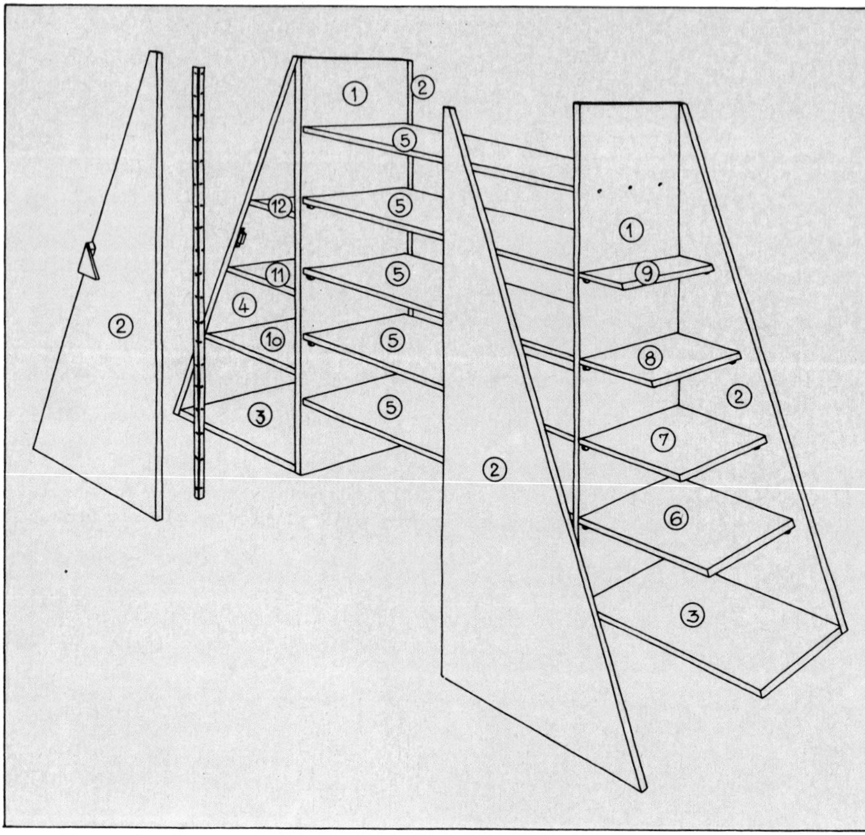

Das Regal ist insgesamt etwa 2,50 m breit. Aus der Zeichnung geht hervor, wo die Kanten der Teile 1, 3 und 6 bis 12 abgeschrägt werden. Wählen Sie als Bodenträger – vor allem zwischen den Schränken – eine robuste Lösung. Sie sollten zumindest den oberen und den unteren Regalboden durch die Seitenwände verschrauben.

Preisfrage: Warum mögen sich so wenige Deutsche mit einer klaren, eindeutig modernen Einrichtung umgeben? Eine mögliche Antwort drängt sich jedem auf, der im eleganten, gutsortierten Möbel- und Einrichtungshaus das Kleingedruckte liest: die Preise. Da vergeht auch dem mutigsten und aufgeschlossensten Normalverdiener sehr schnell die Lust aufs Ausgefallene. Daß es aber durchaus nicht immer etwas teurer sein muß, einen besonderen Geschmack zu haben, beweist folgende Anleitung für alle, die sich nicht nur im rechten Winkel zu Hause fühlen, sondern auch andere Formen des Zusammenlebens mit Möbeln akzeptieren. Diesmal soll das Dreieck als Grundform dienen. Es taucht insgesamt viermal auf – links als geschlossener Schrank, rechts als seitlich offenes Regal (siehe Zeichnung). Unsere Materialliste informiert Sie über die rationellste und sparsamste Lösung beim

Zuschneiden. Kürzen Sie die Tür unten um einen Zentimeter, damit sie sich leicht öffnen und schieben läßt.
Die zugeschnittenen Spanplatten werden verleimt und zusammengeschraubt – versenkt, versteht sich. Nachdem die Spachtelmasse trocken und geglättet ist, wird grundiert und dann lackiert. Auf die Grundierung darf man nicht verzichten, damit später keine dunklen Inhaltsstoffe der Spanplatte „auswandern" können. Zum Schluß setzen Sie die Bodenträger ein und schlagen die Tür mit Klavierband an. Wenn Sie den oberen und den unteren Regalboden durch die Seitenwände hindurch verschrauben, bekommt die ganze Konstruktion mehr Stabilität.

Materialliste

Pos.	Anz.	Bezeichnung	Maße in mm	Material
1	2	Innenseiten	1600 × 320	
2	2	Front/Rückwand	1600 × 675¹)	Spanplatte
3	2	Bodenplatten	634 × 320	16 mm dick
4	1	Schrankschräge	1730 × 320	
5	5	Zwischenböden	1200 × 300	
6	1	Einlegeboden	320 × 500²)	
7	1	Einlegeboden	320 × 400²)	Kiefer-
8	1	Einlegeboden	320 × 300²)	Leimholz
9	1	Einlegeboden	320 × 200²)	19/20 mm
10	1	Einlegeboden	320 × 460³)	dick
11	1	Einlegeboden	320 × 330³)	
12	1	Einlegeboden	320 × 230³)	

1 Klavierband, 15 mm breit, 1550 lang; 1 Magnetschnäpper;
1 selbstgefertigter Türgriff; Bodenträger nach Wahl;
selbstschneidende Schrauben; Holzleim.
¹) durch Diagonalzuschnitte entstehen Tür, Frontplatte und zwei Rückwände;
²) Pos. 6–9 aus 2 Platten 800×400 mm;
³) Pos. 10–12 aus 1 Platte 1200×300 mm.

Zunächst werden die Außenkanten der Schrankböden und die Oberkante des linken Teils abgeschrägt. Dann kommt das Verleimen (Foto), bei dem man die Platten am besten mit Klemm- oder Schraubzwingen fixiert.

Allerdings sollte man sich bei dieser Konstruktion nicht allein auf den Leim verlassen, sondern sicherheitshalber auch noch ein paar Schrauben in die Verbindung setzen.

Die Tür wird zunächst provisorisch montiert, damit man feststellen kann, ob und wenn ja wo noch etwas nachgearbeitet werden muß.

Die Einlegeböden der Schränke werden mit der Stichsäge um 45° abgeschrägt. Es folgen die Vorarbeiten für die Oberflächenbehandlung: Grundieren, wo nötig spachteln, schleifen und schließlich lackieren.

Ein „Boy“ hilft beim Schminken

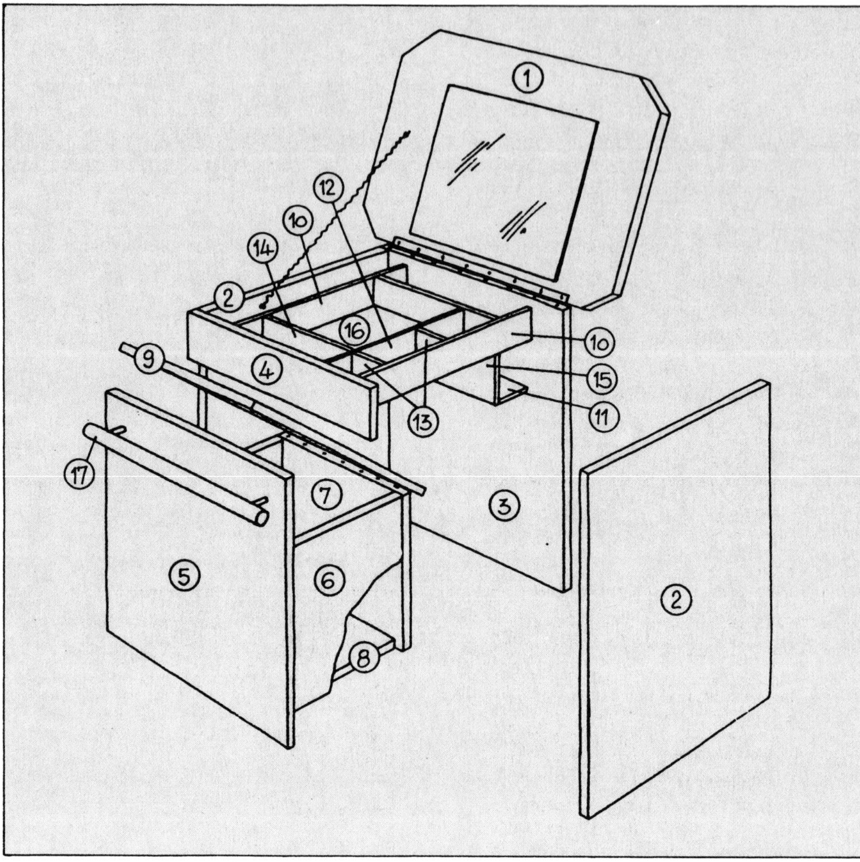

Kein Grund zur Eifersucht, wenn Ihre Frau diesem „Schminkboy“ täglich schöne Augen macht. Sie tut es extra für Sie, wenn sie mit seiner Hilfe ihre Schönheit ins rechte Licht rückt.
Leimholz und Tischlerplatte lassen Sie sich am besten mit der Kreissäge zuschneiden; die Teile brauchen Sie dann nur noch stumpf miteinander zu verbinden. Zuerst verleimt man Rücken- und Seitenteile des Würfels. Der Einsatz entsteht aus 10 mm dickem Sperrholz. Für das tiefere Fach hinten – es ist für Flaschen und Lotionen gedacht – wird senkrecht hinter den Einsatzboden eine Sperrholzplatte geleimt und verstiftet. Den Boden für dieses Fach, wie auch den gesamten Einsatz, ebenfalls verleimen/verstiften. Bevor Sie den Einsatz in den Würfelkorpus einpassen, lackieren Sie die Ablagefächer mit Sprühlack aus der Dose. So erreichen Sie alle Ekken und Winkel.
Während des Trocknens wird der Hokker gebaut: mit einer gepolsterten Sitzfläche und Stauraum im Inneren. Den Hockerboden plan auf den Fußboden legen und mit der Rückenlehne verdübeln und verleimen. Die Vorderseite ebenso. Dann die Seitenteile einpassen und den Korpus mit Klemmzwingen bis zum Aushärten des Leims pressen.

Oben ist der Hocker jetzt noch offen. Mit Klavierband wird an der Vorderseite die Sitzfläche angeschlagen, die man später noch mit einem Sitzkissen polstern kann. Alle Teile auf Paßgenauigkeit prüfen. Kleine Unebenheiten lassen sich am besten mit dem Schwingschleifer beseitigen. Ist der Einsatz mit den Ablagefächern fest in den Korpus eingebaut, kann man das Vorderteil aus Leimholz mit dem U-förmigen Würfelkorpus verleimen. Mit Klemmzwingen fixieren. Für die beiden Leuchtstoffröhren rechts und links des Spiegels zwei Kanäle für die Zuleitungen einarbeiten. Dafür zuerst zwei Löcher parallel zur Plattenoberfläche in die Plattenkante bohren; diese treffen sich dann mit je einer senkrecht zur Plattenoberfläche eingebrachten Bohrung im Platteninneren.

Vor dem Grundieren mit Holzgrund sollten Sie alle beweglichen Teile demontieren. Mit Acryllack werden nur Deckel und Griff gestrichen. Die Leimholzplatten werden nicht grundiert, damit die natürlich gewachsene Holzoberfläche sichtbar bleibt.

Zum Schluß alle Teile wieder montieren, Stromkabel durch die vorbereiteten Kanäle führen, Lampen und Griff anschrauben. Wer will, kann jetzt noch eine 40 cm lange Kette zwischen Würfel und Deckel anbringen, die verhindert, daß dieser zu weit nach hinten umklappt.

Materialliste

Pos.	Anz.	Bezeichnung	Maße in mm	Material
1	1	Klappe	600 × 480	Tischlerpl. 25 mm dick
2	2	Seitenwände	650 × 390	Kiefer-Leimholz 19/20 mm dick
3	1	Rückwand	647 × 490	
4	1	Frontblende	98 × 490	
5	1	Frontplatte	550 × 490	
6	2	Seitenwände	370 × 350	
7	1	Frontplatte	367 × 420	
8	1	Bodenplatte	382 × 350	
9	1	Klappsitz	420 × 380	
10	2	Seitenwände	390 × 80	Sperrholz 10 mm dick
11	1	Bodenplatte	320 × 80	
12	1	Zwischenwand	300 × 70	
13	2	Trennwände	95 × 70	
14	1	Zwischenwand	215 × 70	
15	1	Trennwand	320 × 210	
16	1	Bodenplatte	320 × 300	
17	1	Griffstange	490 lang	Buche Ø 25 mm

je 1 Klavierband 420 und 490 mm lang; 1 Spiegel 3 mm dick, 370 × 350 mm; 1 Schaumstoff, 30 mm dick, 420 × 380 mm; Bezugsstoff; 1 Kette, 400 mm lang; 2 Suffitten, ca. 300 mm lang; Holzleim.

Zunächst wird der Einsatz mit seinen unterschiedlich großen Ablagefächern verleimt, dann sprühlackiert und in den Würfelkorpus eingepaßt.

Entsprechend lange Klemmzwingen erleichtern das Verleimen des Korpus beträchtlich. Auf unserem Foto werden gerade die senkrechten Seiten des Hokkers an der Bodenplatte verleimt.

Paßt der Sitz auf den Hocker? Es empfiehlt sich, die Sitzfläche zunächst probeweise mit dem Klavierband anzuschlagen, damit eventuell nötige Korrekturen noch ausgeführt werden können, ohne daß man gleich die vielen Schrauben des Scharniers wieder raus- und reindrehen muß.

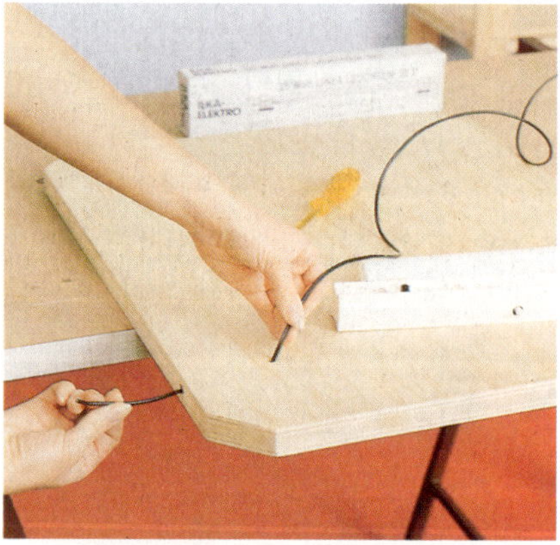

Die Kabel für die Beleuchtung des Spiegels werden durch senkrechte bzw. waagerechte Bohrungen geführt – eine Arbeit, die etwas Geduld erfordert.

Schminken in elegantem Rahmen

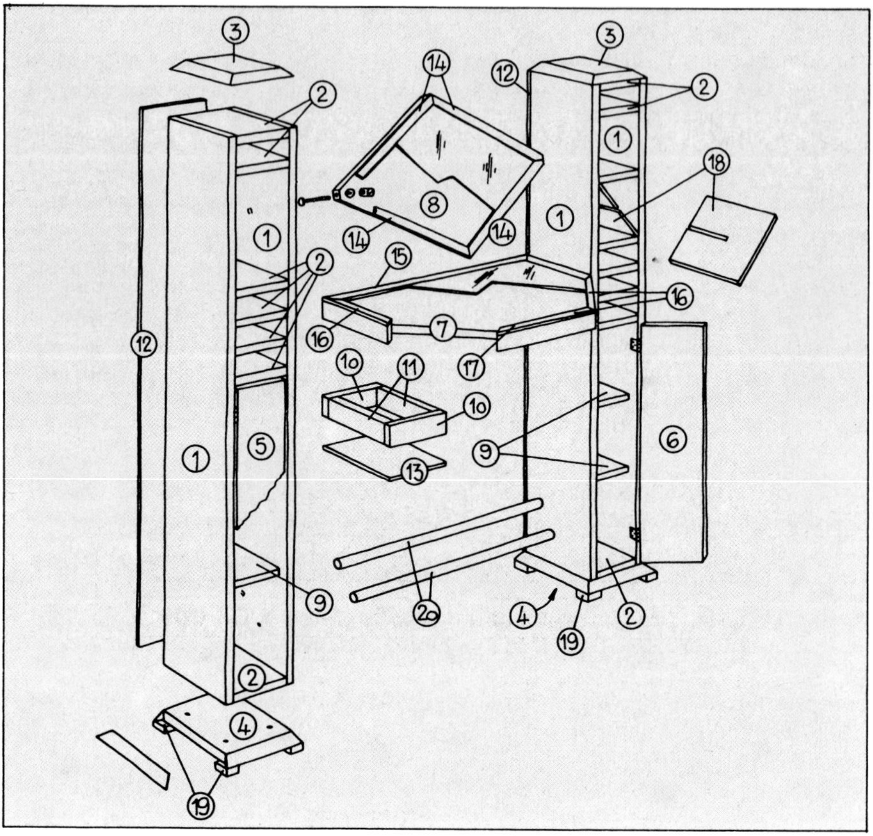

Ein separater Schminkplatz für die Dame des Hauses im Schlaf- oder Ankleidezimmer entzerrt die morgendliche Rush-hour im Badbereich. Unser Bauvorschlag wird Sie kaum vor unüberwindliche Probleme stellen. Die Einzelteile der beiden Schranksäulen, der Tischplatte sowie des Spiegels sind aus Sperrholz stumpf zusammengefügt. Nägel und Leim geben der sachlich schlichten Konstruktion die erforderliche Festigkeit. Wenn die Einzelteile nach den in der Materialliste angegebenen Maßen exakt zugeschnitten sind, kann beim Bau nichts mehr schiefgehen.

Zuerst verbindet man jeweils eine Schrankseite mit den dazugehörigen Zwischenböden. Dazu die Kontaktflächen mit Holzleim bestreichen, die Teile zusammenfügen und von außen durch die Schrankseiten vernageln. Ebenso dann die anderen Schrankseiten und die Rückwände aufnageln.

Jede Schranksäule erhält zusätzlich eine abgeschrägte Kopf- und eine Bodenplatte. Die betreffenden Rechtecke aus Sperrholz werden mit auf Gehrung geschnittenen Dreieckleisten umrahmt und dann auf die Schranksäule genagelt bzw. unter den Korpus geschraubt.

Ähnlich problemlos geht die Montage der Schubladen vonstatten. Auch hier fixieren Leim und Nägel die stumpf auf-

einandergesetzten Einzelteile. Fehlen noch die Türen, die man mit je zwei Scharnieren anschlägt, und die diagonalen Facheinteilungen der rechten Schranksäule, die ganz einfach aus zwei halb eingesägten Sperrholzbrettchen zusammengesteckt werden.
Sind die Schranksäulen fertiggestellt, schneidet man die Tischplatte und die Spiegelrückwand zu. Die Tischplatte erhält eine bündig abschließende Glasabdeckung, die durch umlaufende Leisten eingerahmt wird. Der Spiegel soll rundum 15 mm kleiner als die Rückwand sein. Hier bilden aufgeleimte Sperrholzstreifen die Umrandung.
Nachdem alle Teile gespachtelt, geschliffen und grundiert wurden, geht's ans Lackieren der Oberflächen. Hier ist Ihre Phantasie gefragt. Zuletzt verbindet man die Säulen durch Verschrauben mit der Tischplatte und den Fußstangen. Der Spiegel lagert beweglich in zwei eingebohrten Möbelverbindern.

Materialliste

Pos.	Anz.	Bezeichnung	Maße in mm	Material
1	4	Seitenwände	1085 × 200	Sperrholz 15 mm dick
2	15	Böden	200 × 130	
3	2	Kopfplatten	174 × 130	
4	2	Bodenplatten	204 × 160	
5	1	Tür	596 × 126	
6	1	Tür	541 × 126	
7	1	Trägerplatte	570 × 330	
8	1	Trägerplatte	630 × 364	
9	4	Einlegeböden	180 × 130	
10	16	Stirnseiten	128 × 34	Sperrholz 10 mm dick
11	16	Seitenteile	178 × 34	
12	2	Rückwände	1085 × 160	Sperrholz 4 mm dick
13	8	Böden	199 × 128	
14	4	Rahmenteile	400 × 15	
15	1	Rahmenteil	600 × 15	
16	4	Rahmenteile	250 × 15	
17	1	Rahmenteil	350 × 15	
18	2	Diagonalplatten	200 × 180	
19	8	Fußplättchen	35 × 35	Kiefer 15 mm dick
20	2	Fußstangen	603 lang	Buche Ø 22 mm

ca. 3,4 lfd. m Dreieckleisten, 15 × 15 mm; ca. 2,1 lfd. m Randleisten, 36 × 15 mm (Umrandung Ablage); 1 Kristallspiegel, 4 mm dick, 568 × 327 mm; 1 Glasplatte, 4 mm dick, 570 × 330 mm; 4 Scharniere, 40 × 25 mm; 2 Magnetschnäpper; 2 Möbelverbinder; Nägel; Spanplatten-Schrauben; doppelseitiges Spiegel-Klebeband; Holzleim.

Sind die Einzelteile der Schranksäulen exakt zugeschnitten, werden sie mit Leim und Nägeln stumpf zusammengefügt.

Auf Gehrung geschnittene und aufgeleimte Dreieckleisten bilden die Abschrägungen der Kopfplatten.

Die Bodenplatten erhalten ebenfalls eine Umrandung aus Dreieckleisten sowie vier aus Kiefernleisten zugeschnittene Fußplättchen.

Schubladenbau leicht gemacht: Rahmen und Böden einfach mit Leim und feinen Nägeln verbinden.

Sitz aus sieben Lagen

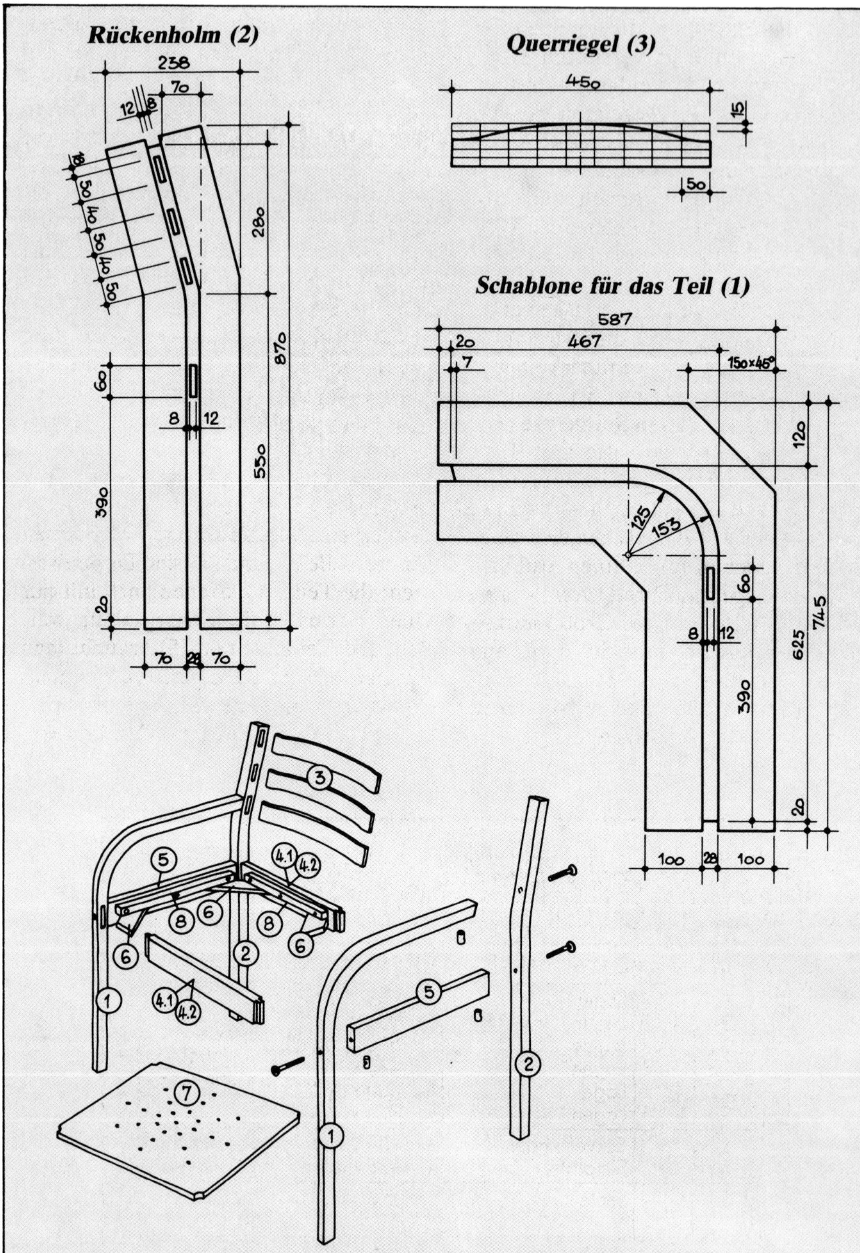

Hier finden Sie alle Teile, Abmessungen und Details der Konstruktion. Die Formschablonen sind 30 bis 40 mm dick aus Spanplatten, die man sich auch aus preiswerten Resten zusammenleimen kann.

Mit diesem Möbel dürfen auch die in Sachen Holz versierten Hobbytischler ein Stück Neuland betreten: Die Holme des hier gezeigten Sessels bestehen aus Sperrholzstreifen, die mehrschichtig in Formschablonen verleimt werden. Dadurch erzielt man sehr stabile, leichte und dabei elastische Möbelholme, die zudem besonders elegant geschwungen sind.
Ein weiterer Vorzug dieser Bauweise, die sich vor allem für Sitzmöbel anbietet, ist die Wiederverwendbarkeit der Formen, die man sich aus Spanplatten zuschneidet: Sie können Stühle wie diesen in Serie herstellen, also zum Beispiel für eine Eßzimmer-Garnitur. Ein Stuhl sieht wie der andere aus, weil sie „über einen Leisten geschlagen" wurden. Der Rahmen für je einen Stuhl ist aus einem Sperrholzbrett von 4 mm Stärke und 152 x 152 cm Größe herzustellen. Außerdem braucht man nur noch vier Leisten und ein Stück 12-mm-Sperrholz für die Sitzfläche. Mit einer scharfen Elektro-Stichsäge dürfte das Ausschneiden der vielen Sperrholzstreifen kein Problem sein. Achten Sie auf die Laufrichtung der Maserung: Die Fasern der beiden Deckfurniere müssen quer verlaufen, sonst lassen sich die Streifen nicht in Form biegen. Die gebogenen Armlehnen/Vorderfüße (1) werden aus sieben Lagen verleimt. Die drei Lagen in der Mitte schneiden Sie gleich so zu, daß die Nut für die Zapfen der Zargen (4) ausgespart bleibt. Umgekehrt werden die Zargen, die aus fünf Lagen bestehen, in den mittleren drei Lagen verlängert. Nut und Zapfen sind dann genau passend, nämlich jeweils 12 mm stark.
Die Schablonen entstanden aus einer 16 mm starken Spanplatte, die wir doppelt legten und verleimten. Die Formen für die Teile (1) und (2) sind Doppelformen; die Teile (3) können auch mit nur einer Formschablone hergestellt werden. Die Teile (4) und (5) braucht man nur zwischen gerade Latten zu spannen. Am besten machen Sie die Formschablonen an den Enden ein bißchen län-

Materialliste

Pos.	Anz.	Bezeichnung	Maße in mm	Material
1	2×7	Lagen	1200× 34	Birken-Sperrholz 4 mm dick
2	2×7	Lagen	950× 34	
3	3×2	Lagen	500× 52	
4.1	2×3	Lagen	460× 62	
4.2	4×1	Lage	430× 62	
5	2×5	Lagen	420× 62	
6	4	Eckverbinder	150×150	Sperrholz 12 mm dick
7	1	Sitzplatte	436×426	
8	4	Sitzleisten	300 lang	Kiefer 20×20 mm

6 Innensechskant-Schrauben M 6×70 DIN 7991; 6 Kreuzmuffen Ø 10×13; 12 Schnellbauschrauben 4,0×30; Holzleim. Die Maße für die Schablonen sind den Zeichnungen zu entnehmen.

ger als die herzustellenden Werkstücke. Nach dem Zuschneiden werden die Streifen, die zu jeweils einem Element verbunden werden sollen, zunächst ohne Leim in die Form gespannt. Nachdem man die Lage der Nuten genau markiert hat, nimmt man die Streifen wieder heraus, gibt Leim daran und spannt sie ein, bis der Klebstoff ganz getrocknet ist. Bei einem schnelltrocknenden Leim genügt etwa eine Stunde. Achten Sie beim Bau der Teilepaare (1) und (2) darauf, daß die Nuten jeweils spiegelverkehrt liegen. Unentbehrlich sind mindestens vier gute und stabile Schraubzwingen.

Um die sieben Sperrholz-Streifen des Vorderteils einzuspannen, braucht man kräftige Zwingen, und davon reichlich, . . .

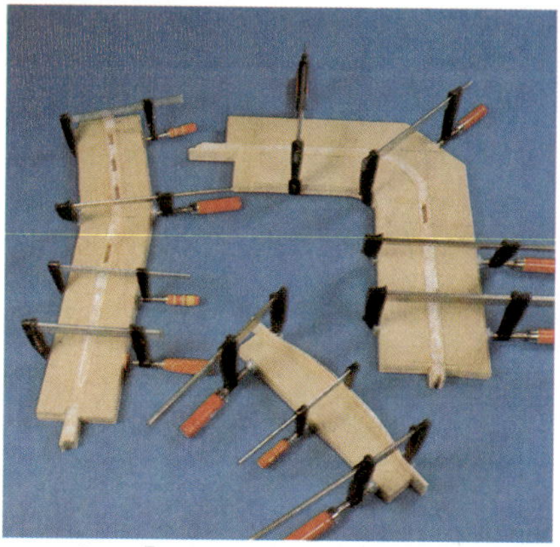

. . . denn je mehr man davon hat, desto schneller geht die Arbeit. Hier alle Formteile auf einen Blick.

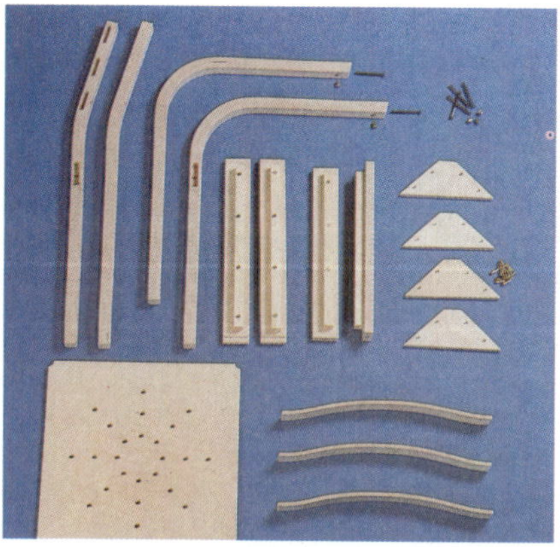

Alle Teile vor dem Zusammenbau. Man erkennt deutlich die geschwungenen Vorder- und Rückenteile.

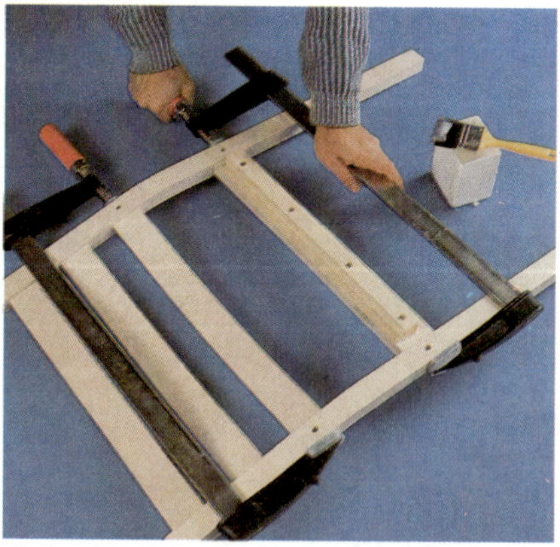

Beim Verleimen nimmt man sich erst das Rücken- und Vorderteil getrennt vor, um sie dann zusammenzufügen.

Raritäten in schmuckem Rahmen

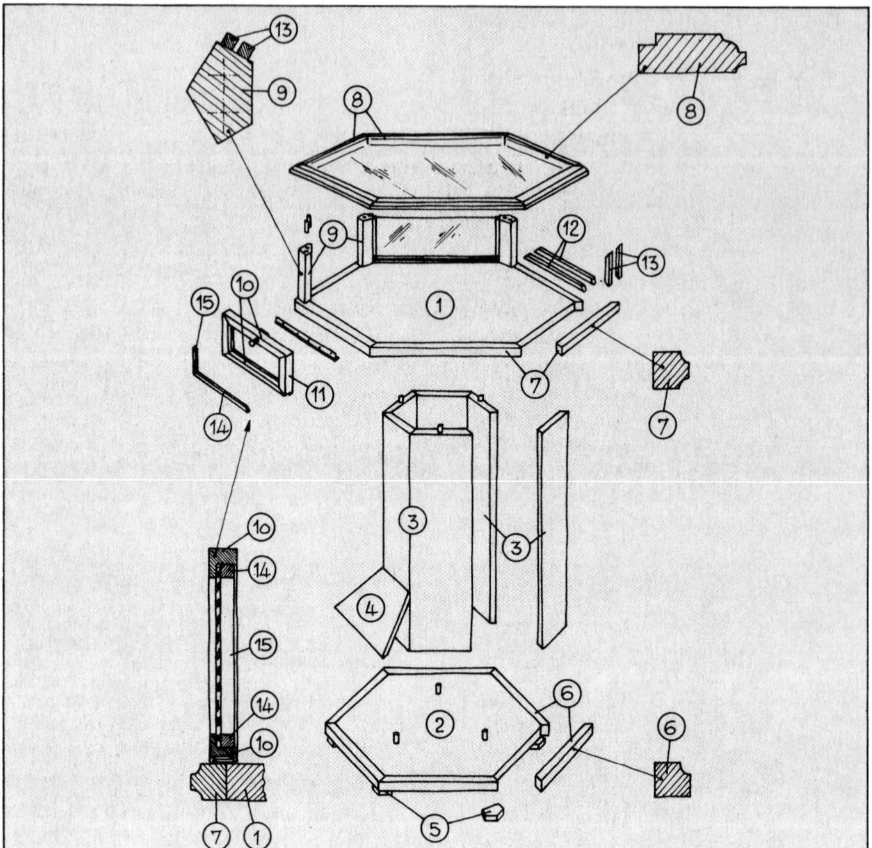

Bei diesem Tisch ergeben sich folgende Winkel: Im Detail links oben stehen die Außenflächen 120° zueinander, rechtwinklig dazu liegen die Seiten mit den Glasleisten. Teile, die ein Sechseck ergeben (Pos. 3, 6, 7, 8), erhalten 30°-Schnitte. Bei Teil (4) die parallel verlaufenden Kanten um 45° abschrägen; die beiden anderen passen Sie mit 22,5° an.

Raritäten, auf die ein Sammlerherz besonders stolz ist, kommen erst recht zur Geltung, wenn man sie in einem schmucken Rahmen vorzeigen kann. Der sechseckige Tisch ist da über alle Zweifel erhaben.

Damit das edle Möbel für den Säger und Sammler erschwinglich bleibt, sind nicht alle Sichtflächen aus Eiche gefertigt.

Der Aufbau beginnt mit dem Sockel. Sie ermitteln die sechs Kanten, indem Sie zunächst eine Gerade zeichnen, die Mitte markieren und von dort mit Heftzwecke, Zwirn und Stift einen Kreis (Radius 225 mm) schlagen. Setzen Sie an den beiden äußeren Schnittpunkten erneut an und zeichnen Sie zwei Halbkreise nach innen, so ergeben sich alle sechs Ecken.

Nach dem Zuschnitt der Fußplatte (2) leimen Sie die Eichenleisten (6) mit 30°-

Schnitten an. Anschließend beihobeln und mit der Tisch- oder Oberfräse Verzierungen anbringen. Die Säulenbretter (3) folgen im gleichen Winkelschnitt. Für ein präzises Verleimen sind Gehrungsklammern recht hilfreich. Nachdem Sie Fuß und Säule mit drei Dübeln zusammengesetzt haben, geht es an den Zuschnitt der Rippen (4). Die parallelen Kanten (45°-Schnitt) sind unten 237 und oben 100 mm lang. An den Seiten paßten wir die sechs Flächen mit Schrägen von 22,5° an.

Die Glasvitrine bauen Sie am besten separat auf und leimen sie erst in fertigem Zustand auf den Sockel. Der Bau beginnt wie gehabt mit der, hier größeren, sechseckigen Spanplatte (1, Radius 318 mm) mit ihren Trägerleisten (7). Bevor Sie die unbearbeiteten Profilleisten zusammenleimen, müssen zunächst die 6 x 22 mm großen Falze für die Glasplatte gefräst werden. Die winklig gesägten Eichenstützen (9, siehe Zeichnung) setzen Sie zuerst mit Dübelfix und zwei Dübeln auf die Trägerplatte (1).

Ist der Rohbau des Sammlertischs fertig, wässern Sie die Eichenhölzer mit einem feuchten Schwamm, lassen trocknen und schleifen vor dem Beizen mit 220er Korn. Nach der Grundierung versiegeln Sie die Oberfläche zweimal mit Streichlack.

Materialliste

Pos.	Anz.	Bezeichnung	Maße in mm	Material
1	1	Trägerplatte	636 × 550	Spanplatte 19 mm dick
2	1	Fußplatte	450 × 390	
3	6	Säulenbretter	570 × 100	Tischlerplatte 19 mm dick
4	6	Rippen	237 × 167	
5	6	Füße	64 × 30	
6	6	Kantenleisten	248 lang	Eiche massiv 20 × 20 mm
7	6	Kantenleisten	341 lang	
8	6	Profilleisten	352 lang	Eiche 60 × 22 mm
9	6	Stützen	120 lang	Eiche 58 × 36 mm
10	4	Rahmenleisten	261 lang	Eiche massiv 16 × 16 mm
11	4	Rahmenleisten	118 lang	
12	16	Glasleisten	263 lang	Eiche massiv 8 × 8 mm
13	16	Glasleisten	120 lang	
14	4	Glasleisten	245 lang	
15	4	Glasleisten	102 lang	

1 Glasscheibe (Abdeckung) 6 mm dick, 589 × 510 mm;
4 Glasscheiben (Seiten) 4 mm dick, 262 × 119 mm;
2 Glasscheiben (Klappen) 4 mm dick, 244 × 100 mm;
2 Klavierbänder 24 breit, 260 mm lang; 2 Magnetschnäpper;
2 Möbelknöpfe; selbstklebender Filz ca. 700 × 600 mm;
Holzdübel ∅ 8 × 40; Holzleim; Nägel.

Nur mit der Kreissäge können Sie die Winkelschnitte in den Eichenleisten oder Tischlerplatten präzise schneiden. Die Profile im Fuß gestaltet man nach Geschmack – oder auch den technischen Mitteln, die man zur Verfügung hat. Voraussetzung in jedem Fall, die Kantenleisten aus Eichenholz.

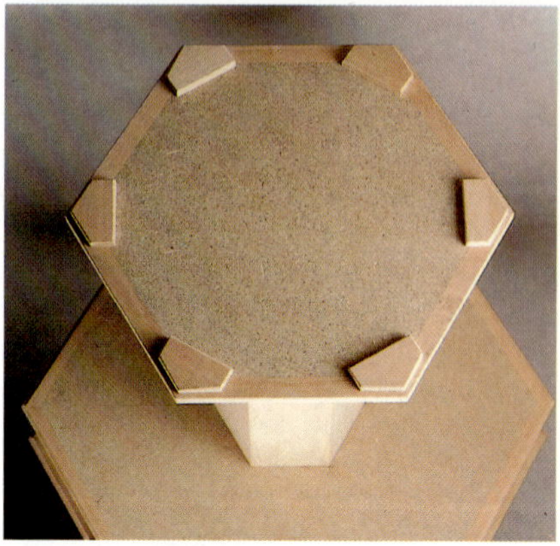

Von der Fußplatte ausgehend, bauen Sie zunächst den kompletten Sockel samt Säule, bevor Sie später die fertige sechseckige Vitrine aufsetzen. Sehr gut zu sehen auf diesem Foto: die Umleimer von Sockel und Vitrinenboden sowie die sechs Füßchen aus Sperrholz, die mit ihrer kleinen Auflagefläche ein Wackeln des Tischs verhindern sollen.

Bevor die Profilleisten mit Gehrungsklammern zum Sechseck verleimt werden, müssen die Glasfalze gefräst worden sein. Die äußeren Glasleisten werden angeleimt, die inneren angenagelt; dabei aber bitte Pappe zwischen Hammer und Scheiben halten.

Die Klappe wird unten von einem Klavierband gehalten, oben genügt ein Magnetschnäpper vollauf. Das Profil der Eichenleisten, die den Tisch einfassen, bleibt Ihrem Geschmack überlassen und natürlich auch der Farbton, in dem Sie das Möbelstück beizen möchten.

Endlich mal Schubladen satt

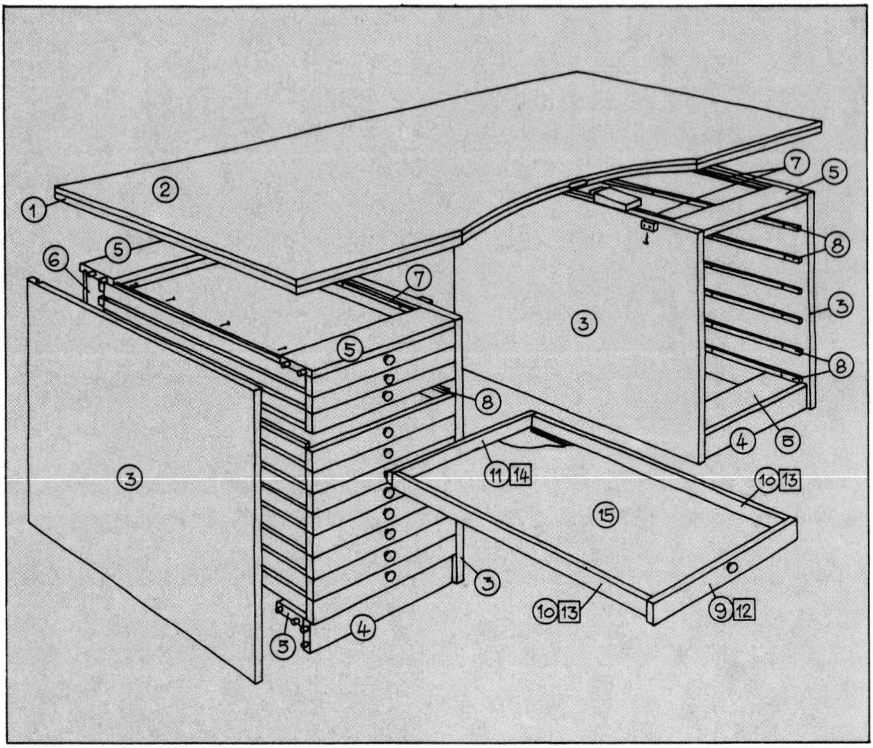

Der prinzipielle Aufbau beider Schubladentypen ist gleich. Die Positionen in den Kreisen gelten für die flachen, die in den Kästchen für die höheren Schubladen. Die Böden sind für beide Typen identisch.

Welchem Sammler standen nicht schon einmal die Haare zu Berge wegen der Unübersichtlichkeit, die die Fülle seiner erworbenen Schätze mit sich brachte? Dem haben wir eine Menge entgegenzusetzen: nämlich einen Tisch mit beinahe fünf Quadratmetern Schubladenfläche und nahezu eineinhalb Quadratmetern Ablage- und Arbeitsfläche. Ein Bonbon am Rande: Selbst ein Umzug mit diesem Platzwunder stellt überhaupt kein Problem dar. Die Arbeitsplatte wird mit vier Möbelverbindern auf den Schubladen-Türmen gehalten. Alle Schubladen sind ganz herausnehmbar.

Die Montage dieses Tischs ist recht einfach. Beginnen Sie zunächst mit dem Aufbau der Korpusse. Sie sind identisch bis auf die Anordnung der Laufleisten und der Möbelverbinder. Beim Anbringen der Laufleisten müssen Sie genau arbeiten, damit die Schubladen nicht klemmen. Die Seitenwände (3) und die hinten sitzenden Querstreben (5) erhalten in einem 10-mm-Kantenabstand eine 5 mm breite und 10 mm tiefe Nut. Diese umlaufende Nut nimmt die Rückwand (6) auf. Die Reihenfolge des Zusammenbaus: Seitenwände paarweise mit den Laufleisten und Dübelbohrungen versehen, in den Stirnseiten der Sockelbretter (4) und Querstreben (5) mit Dübelspitzen die Gegenbohrungen markieren und einbringen, Dübel einleimen, Teile (4) und (5) mit einer Seitenwand verleimen, Rückwand einschieben, die zweite Seitenwand verleimen. Bei den Schubladen erhalten nur die Seitenteile (10, 13) Nuten, in die die Böden (15) eingeschoben werden. Die Nuten sitzen so, daß man die Böden genau bündig unter den Rückenteilen durchschieben kann.

Für die Arbeitsplatte verleimt man eine 22 mm dicke „normale" und eine 19 mm dicke eichebeschichtete Spanplatte miteinander. Sie erhält vorne einen segmentförmigen Ausschnitt. Der aufgebügelte Umleimer läßt sie wie eine massive Platte erscheinen. In der Mitte sitzt das Langloch für den Zapfen des Feilklotzes. Die Korpusse werden so mit der Arbeitsplatte verbunden, daß auf allen Seiten ein 20 mm breiter Überstand entsteht.

Materialliste

Pos.	Anz.	Bezeichnung	Maße in mm	Material
1	1	Tischplatte	1800 × 800	Spanplatte 22 mm
2 3 4	1 4 4	Tischplatte Seitenwände Sockelbretter	1800 × 800 750 × 760 400 × 90	eichebeschichtete Spanplatte 19 mm
5	8	Querstreben	400 × 130	Tischlerplatte 19 mm dick
6	2	Rückwände	660 × 420	Sperrholz (Eiche) 5 mm
7 8	4 36	Laufleisten Laufleisten	500 lang 728 lang	Hartholz 10 × 10 mm
9	12	Frontblenden	396 × 51	TiPla (Eiche) 16 mm
10 11	24 12	Seitenteile Rückenleisten	700 × 42 396 × 27	Sperrholz (Limba) 12 mm
12	6	Frontblenden	396 × 104	TiPla (Eiche) 16 mm
13 14	12 6	Seitenteile Rückenbretter	700 × 96 396 × 80	Sperrholz (Limba) 12 mm
15	18	Böden	708 × 382	Sperrholz (Limba) 5 mm

1 Feilklotz (Buche 50 × 30, 130 lang); 18 Möbelknöpfe (Eiche 25 mm ∅); 4 Trapezverbinder; 48 Holzdübel ∅ 10 × 40; ca. 5,60 lfd. m Umleimer (Eiche 45 mm breit, für Tischplatte); Umleimer (Eiche 20 mm breit, für alle sichtbaren Kanten); Schnellbauschrauben; Nägel; Holzleim.

Alle Querverbinder sind mit den Seitenwänden zu verleimen und zu verdübeln.

Eine Distanzleiste erweist sich als praktische Montagehilfe für gleichmäßige Abstände zwischen den Laufleisten der Schubladen.

Noch unbehandelt: Der linke Korpus mit den flachen Schubladen . . .

. . . und der rechte Korpus mit der halben Schubladenanzahl, die dafür aber mehr als die doppelte Höhe aufweisen.

Essen am Sechseck

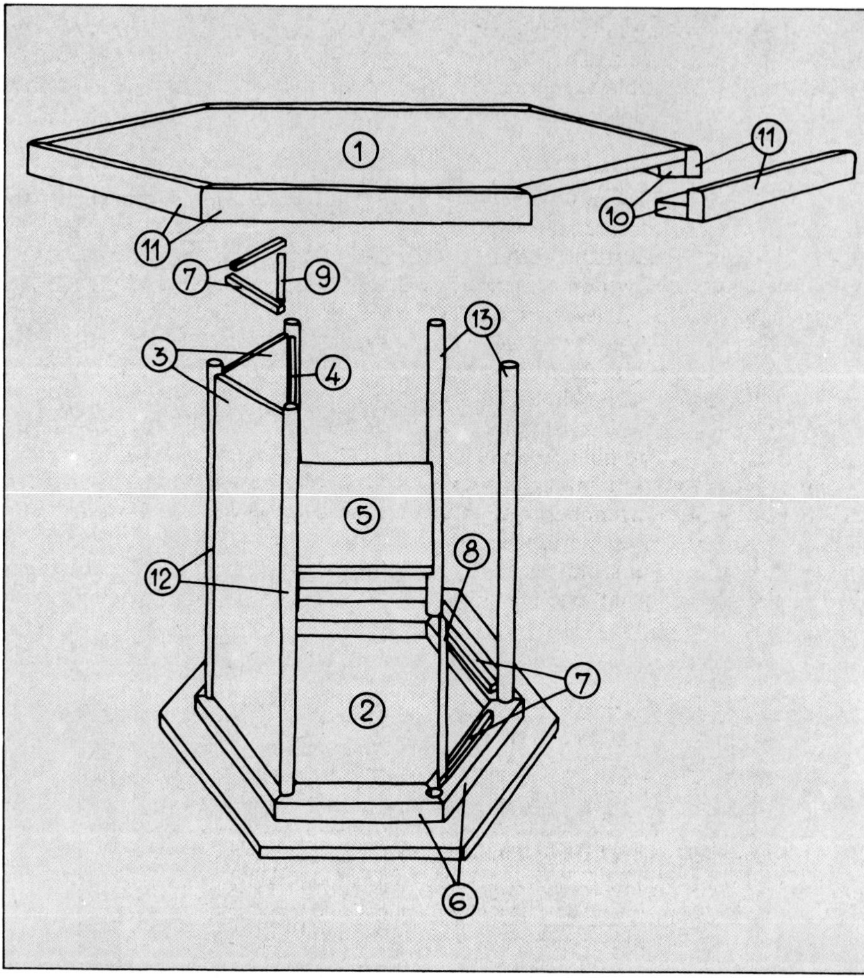

Die Schnittkanten der oberen Platte sind durch Leisten verdeckt. Sie geben dem Tisch zugleich optisch mehr Gewicht und Stabilität. Die Sockelplatte dagegen kann man mit Umleimerstreifen verschönern. Alle Verbindungen werden von Leim und – soweit möglich – von Nägeln gehalten.

In irgendeine Ecke sollten Sie diesen Tisch lieber nicht stellen – dazu ist er nun wirklich zu schön und zu schade. Er braucht relativ viel Platz, um zu wirken.

Die Konstruktion ist nicht so schwierig, wie sie auf den ersten Blick erscheinen mag: Wer sich umständliche geometrische Berechnungen des Sechsecks ersparen will, der läßt die Platte gleich beim Händler millimetergenau nach den Maßen der Materialliste zuschneiden. Sie selbst machen dann aus dem Rechteck ein Sechseck, indem Sie vier rechtwinklige Dreiecke so absägen, daß alle verbleibenden Kanten 60 cm lang sind. Die Schenkel der Dreiecke müs-

sen also an den längeren Plattenseiten jeweils 30 cm lang sein. Die kürzeren werden auf 52 cm halbiert; auf der Mittellinie liegen zwei Spitzen des Sechsecks.
Nachdem die Tischplatte mit Verstärkungen und Kantenleisten versehen ist, wenden Sie sich der Sockelplatte zu. Verleimen Sie zunächst die sechs Bodenleisten. Wie alle anderen Gehrungen an diesem Tisch, müssen auch hier die Verbindungen jeweils 60° ergeben. Den fertigen Rahmen können Sie dann von unten auf die vorbereitete Tischplatte legen und seine Umrisse parallel zum großen Sechseck übertragen. Die richtige Position ermitteln Sie, indem Sie zwischen allen gegenüberliegenden Ecken der Tischplatte Verbindungslinien ziehen. So ergibt sich, wo die Anschlagleisten festgeleimt werden müssen. Ebenso können Sie die Punkte der Bohrungen markieren, in die später die Rundhölzer mit etwas Leim versenkt werden. Dabei müssen Sie ganz exakt arbeiten, damit die tragende Konstruktion stabil und optisch einwandfrei wird. Wenn der Leim trocken ist, setzen Sie die Seitenwände zwischen die Rundhölzer, geben Leim zu – auch zwischen Rundhölzer und Platten – und vernageln die Wände vorsichtig an den Anschlagleisten. Zum Schluß wird die fertige Sockelkonstruktion aufgesetzt und verleimt. Vorausgesetzt, daß Sie genau gearbeitet haben, müßten jetzt die Rundhölzer exakt in die Bohrungen und die Sperrholzseitenwände an die jeweils zugehörigen Anschlagleisten passen.
Uns gefiel der Tisch dunkel gebeizt und klarlackiert am besten.

Materialliste

Pos.	Anz.	Bezeichnung	Maße in mm	Material
1 2	1 1	Tischplatte Sockelplatte	1200 × 1040 660 × 570	Tischlerpl. 19 mm dick
3 4 5	4 2 1	Seitenwände Seitenwände Zwischenboden	682 × 220 682 × 400 400 × 240	Sperrholz 10 mm dick
6	6	Bodenleisten	285 lang	Kiefer 60 × 30 mm
7 8 9	8 2 2	Anschlagleisten Anschlagleisten Anschlagleisten	160 lang 380 lang 220 lang	Kiefer 10 × 10 mm
10	6	Verstärkungen	600 × 40	Spanplatte 22 mm
11	6	Kantenleisten	640 lang	Kiefer 50 × 30 mm
12	6	Rundstäbe	700 lang	Buche 30 mm Ø

Umleimer; Schnellbauschrauben; Nägel; Holzleim.

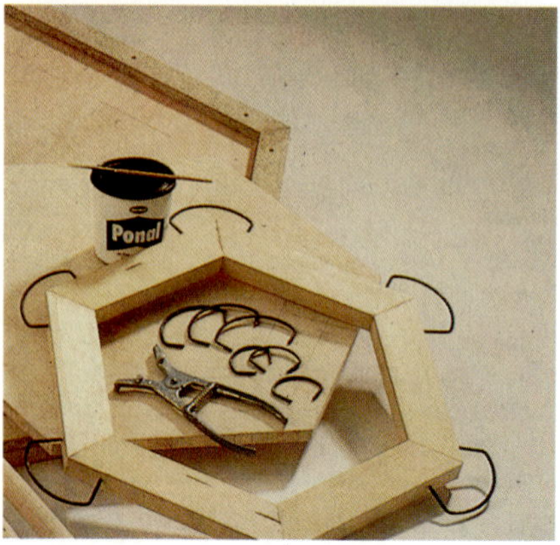

Die auf 30° zugeschnittenen Leisten fixiert man, bis der Leim trocken ist, mit Klammern.

Die Bohrungen für die Rundhölzer sind im Sockel 10 mm und in der Platte 8 mm tief. Sie müssen aber unbedingt genau senkrecht ausgeführt werden (Bohrständer und 30-mm-Forstnerbohrer), sonst lassen sich die Rundholzstützen nicht exakt parallel verleimen.

Es geht auch ohne Spanngurt: Stabiles Paketband hält die frisch verleimten Tischbeine zusammen. Zwischen Rundhölzern und Seitenwänden nicht mit Leim sparen! Und erst dann weiterarbeiten, wenn der Leim wirklich abgebunden hat (am besten über Nacht ruhen lassen).

Wenn Sie exakt gemessen und gearbeitet haben, läßt sich der Sockel leicht und ganz genau passend auf die beiden Dreiecksäulen aufsetzen und verleimen. Wenn Sie sich gegen ein Wackeln des Tischs auf nicht ganz ebener Fläche schützen wollen, helfen Sperrholzklötzchen unter jeder Ecke des Möbels.

Hinter Glas gesammelt

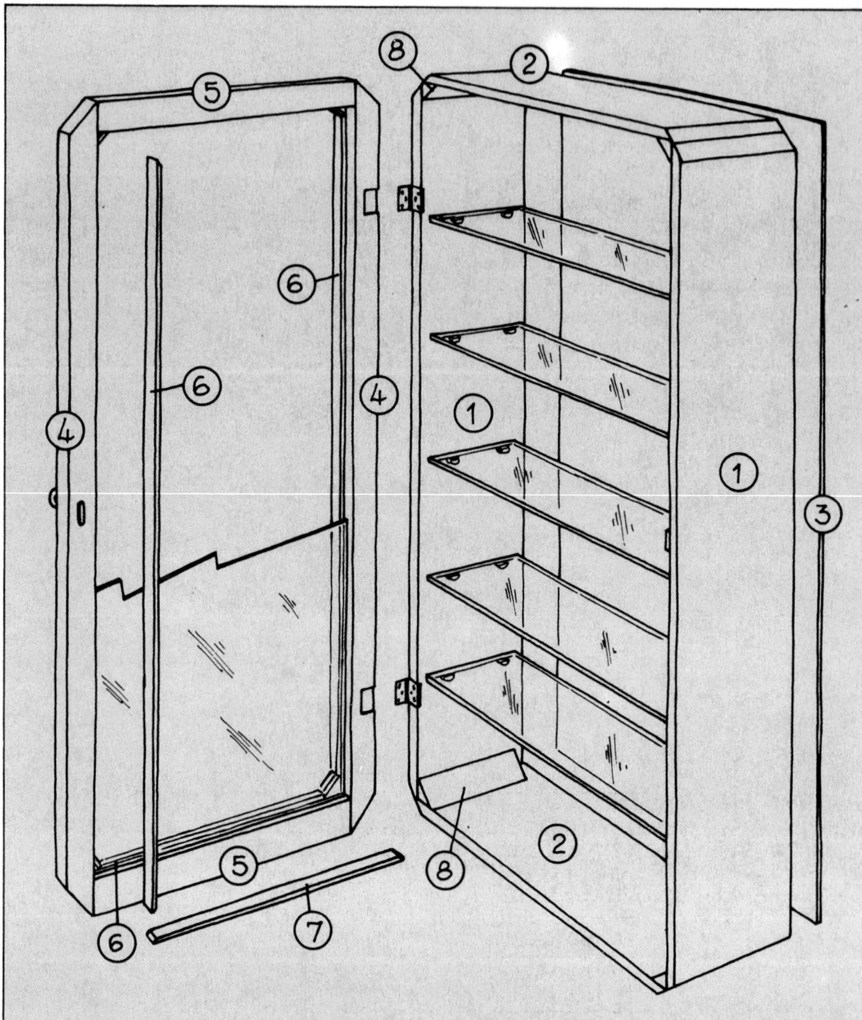

Für alle, die der Sammelleidenschaft verfallen sind, stellen wir eine achteckige Vitrine vor, in der sich all die mit Liebe zusammengetragenen Prachtstücke gut zur Schau stellen lassen.

Der Zusammenbau beginnt mit der Verleimung der Seitenteile und der Böden mittels Leim und Schrauben um die Rückwand herum. Anschließend die Dreikantleisten zur Stabilisierung in die vier Ecken leimen. Mit der 45°-Einstellung der Stichsäge entsprechend der Zeichnung alle Ecken abschrägen.

Die Rahmenleisten zum Türrahmen zusammenfügen. Dabei Holzdübel verwenden, die mindestens vier Zentimeter in die jeweiligen Gegenstücke hineinragen. Den Türrahmen entsprechend dem Korpus abschrägen. Damit die Abschrägungen übereinstimmen,

den Rahmen auf den Korpus legen und die Winkel paßgenau übernehmen.
In die Ecken des Türrahmens 15 mm dicke Dreikantstücke einleimen. Die vorderen Glasleisten unter Leimzugabe einpassen. Die Scharniere in die Seitenteile des Schrankes einlassen und die Tür probehalber anschrauben.
Anschließend alle Kanten und Unebenheiten sorgfältig mit feinem Schleifpapier bearbeiten. Bevor Sie mit der Grundierung beginnen, die Beschläge wieder abmontieren. Anschließend Korpus und Türrahmen mit umweltfreundlichem Lack zweifach streichen. Nach dem Trocknen die Bodenträger der Glasböden anbringen. Die Abstände werden den individuellen Maßen Ihrer Sammelobjekte angepaßt.
Die vom Glaser zugeschnittene Scheibe in den Türrahmen legen und die hinteren Glasleisten mit Stiften befestigen. Alle Beschläge montieren und die Vitrine durch die Rückwand hindurch mit Dübeln an der Wand befestigen. Nun können Sie die geschliffenen Glasböden einlegen und Ihre Lieblingsstücke in das repräsentative Umfeld einräumen.

Materialliste

Pos.	Anz.	Bezeichnung	Maße in mm	Material
1 2	2 2	Seitenteile Böden	1462 × 180 562 × 180	Tischlerpl. 19 mm dick
3	1	Rückwand	1462 × 562	Spanplatte 10 mm
4 5	2 2	Rahmenleisten Rahmenleisten	1500 lang 520 lang	Kiefer 40 × 30 mm
6 7	4 4	Glasleisten Glasleisten	1500 lang 600 lang	Kiefer 15 × 8 mm
8	4	Dreikantleisten	170 lang	Kiefer 30 × 30 mm

1 Spiegelglasscheibe 4 mm dick, 1415 × 515 mm; 5 Glasböden (Spiegelglas, geschliffene Kanten, 5 mm dick); 20 Bodenträger; 1 Türknopf; 1 Magnetschnäpper; 2 Scharniere; Furnierstreifen; Holzdübel; Nägel; Holzleim.

Nachdem die Seiten und Böden mit Leim und Schrauben um den Boden herum aufgebaut wurden und damit der Korpus bereits „steht", werden jetzt zur Verstärkung der Ecken Dreikantleisten eingeleimt.

Mit der Stichsäge und einem langen Sägeblatt flacht man nun die Ecken des Korpus ab und arbeitet sie so nach, daß sie exakt . . .

. . . mit Furnier kaschiert werden können. Achten Sie darauf, daß die Maserung des Furniers in derselben Richtung läuft wie die des gesamten Schrankkörpers.

Der Türrahmen wird zusammengedübelt; außerdem leimt man in seine Ecken kleine Dreiecke, die zusätzlich für Stabilität sorgen. Letzter Schritt vor der Oberflächenbehandlung: Der Türrahmen wird den Korpusschrägen angepaßt.

Die attraktive Ecke

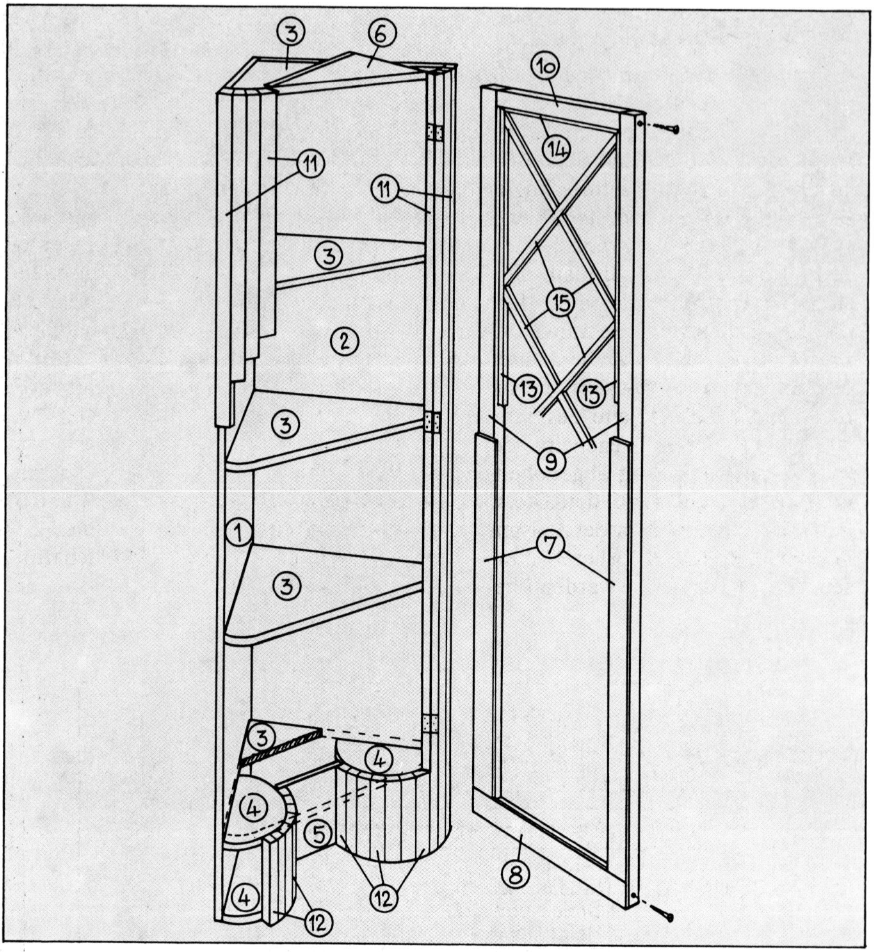

Haben Sie noch ein Eckchen frei? Der Vitrinenschrank, den wir Ihnen hier zeigen, ist aber keineswegs nur ein bloßer Lückenbüßer, sondern ein Möbelstück, das sowohl durch Design als auch durch kräftige Farbgebung besticht. Ein echter Hingucker also, nicht nur was die schönen Stücke angeht, die Sie hinter der sprossenverzierten Glastür präsentieren wollen.

Damit Ihnen der Schritt vom Hingukken zum Nachbauen leichtfällt, haben wir die Konstruktion des pfiffigen Eckschranks bewußt einfach gehalten. Mit den beiden Seitenwänden geht's los. Die Sperrholzplatten werden stumpf gegeneinandergesetzt und durch Holzleim und feine Nägel verbunden.

Insgesamt fünf gleiche Dreieckböden benötigen Sie als Stellflächen bzw. oberen und unteren Abschluß des Korpus. Aus einem Quadrat von 530 x 530 mm lassen sich zwei Rohböden mit ca. 527 mm Schenkellänge zuschneiden. Um die Rundungen an den Vorderseiten zu erhalten, mißt man jeweils 339 mm von der hinteren Ecke an den Schenkeln ab und schlägt um diese beiden Punkte je einen Kreis mit 133 mm Radius. Mit der Stichsäge werden die Böden dann entsprechend in Form gebracht. Zur Verbindung von Böden und Seitenwänden dienen Leim und selbstschneidende Holzschrauben. Schon steht der Rohkorpus unseres Eckschranks.

Anschließend befestigt man die Leisten, aus denen sich die Säulen formen, die das Aussehen des Schranks prägen. Im Gegensatz zu den Außenkanten der beiden langen Korpusleisten an der rechten und linken Seite des Schranks werden die übrigen, gegeneinanderstoßenden Kanten schräg abgehobelt, damit sich die Rundung bildet. Die später innen liegenden Seiten der Leisten sollen nur noch 29 statt vorher 34 mm messen. Die Vorderecken werden überdies leicht mit dem Hobel gebrochen. So erhalten die Säulen eine Reliefstruktur. Vier Halbrundplatten, mit dem unteren Boden und den Seitenwänden verschraubt, dienen als Anschlag für die kurzen Säulenleisten. Die Sockelplatte bildet den hinteren Abschluß.

Nachdem die Kopfblende montiert ist, fügt man den Türrahmen aus vier Leisten zusammen. Auf der Innenseite des Rahmens befestigte Sperrholzstreifen stabilisieren das Ganze und bilden mit ihrem Überstand den Falz für die Verglasung. Vorn fixieren aufgenagelte Rahmenleisten das Glas. Zuletzt werden die Sprossen durch Überblattung zu Kreuzen verbunden und – nachdem alle Teile lackiert sind – jeweils in Höhe der Fachböden an die Rahmenleisten geleimt und genagelt. Drei Scharniere verbinden Tür und Korpus.

Materialliste

Pos.	Anz.	Bezeichnung	Maße in mm	Material
1	1	Seitenwand	1860 × 487	
2	1	Seitenwand	1860 × 472	
3	5	Dreieckböden	530 × 530	Sperrholz
4	4	Halbrundplatten	266 × 133	15 mm dick
5	1	Sockelplatte	210 × 180	
6	1	Kopfblende	480 × 70	
7	2	Rahmenleisten	1576 × 52	Sperrholz
8	2	Rahmenleisten	476 × 52	6 mm dick
9	2	Rahmenleisten	1680 lang	Kiefer
10	2	Rahmenleisten	388 lang	44 × 15 mm
11	8	Korpusleisten	1861 lang	Kiefer
12	14	Korpusleisten	180 lang	34 × 21 mm
13	2	Rahmenleisten	1592 lang	Kiefer
14	2	Rahmenleisten	388 lang	8 × 8 mm
15	8	Zierleisten	600 lang	Kiefer 16 × 8 mm

1 Glasscheibe, 3 mm dick, 1589 × 385 mm; 1 Magnetschnäpper; 3 Scharniere; 1 Türgriff; Spanplatten-Schrauben; Nägel; Holzleim.

Die fünf gleichen Dreieckböden werden aus den quadratischen Sperrholzplatten zugeschnitten und an den vorderen Ecken abgerundet. Danach verbindet man die Böden mit den Seitenwänden zu einem Korpus. Halt bekommt die Geschichte durch Leim, Nägel und Schrauben.

Und so sieht das Dreieck mit den Halbsäulen von unten aus. Deutlich zu erkennen: die Leisten, die den Füßen das Profil verleihen. Sie wurden auf die halbrund ausgeschnittenen Fußformen aufgenagelt und ergänzen optisch geschickt den runden Eindruck, den der fertige Schrank macht.

Die Rahmenhölzer der Tür werden stumpf verleimt und verschraubt. Die von innen aufgeleimten Sperrholzstreifen stabilisieren diesen Rahmen noch und bilden gleichzeitig den Falz, der die Glasscheibe aufnehmen wird.

Jetzt noch die Sprossen durch Überblattung zu Kreuzen verbinden und dann, nachdem alle Teile lackiert und trocken sind, an die Rahmenleisten leimen und nageln. Der letzte Akt: Die Tür wird mit drei Scharnieren am Korpus befestigt.

Edel wie der Inhalt

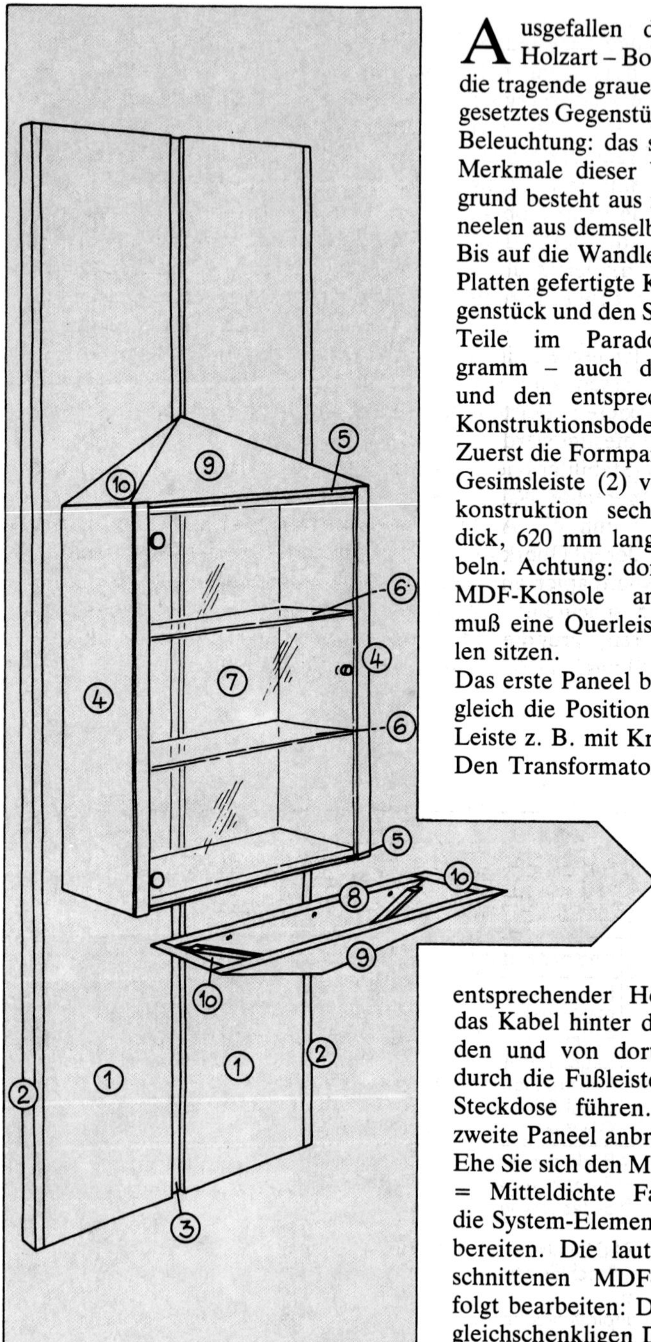

Ausgefallen die Form, edel die Holzart – Boire Cognac –, modern die tragende graue Konsole und ihr aufgesetztes Gegenstück sowie die indirekte Beleuchtung: das sind die wesentlichen Merkmale dieser Vitrine. Der Hintergrund besteht aus raumhohen Wandpaneelen aus demselben Holz.

Bis auf die Wandleisten, die aus MDF-Platten gefertigte Konsole bzw. das Gegenstück und den Spiegel finden Sie alle Teile im Parador-Systemmöbel-Programm – auch die Halogen-Leuchte und den entsprechend vorbereiteten Konstruktionsboden.

Zuerst die Formpaneele (1) mit je einer Gesimsleiste (2) versehen. Als Unterkonstruktion sechs Leisten (23 mm dick, 620 mm lang) auf die Wand dübeln. Achtung: dort, wo Sie später die MDF-Konsole anschrauben wollen, muß eine Querleiste unter den Paneelen sitzen.

Das erste Paneel befestigen und darauf gleich die Position der „Befestigungs"-Leiste z. B. mit Kreppband markieren. Den Transformator für die Leuchte in entsprechender Höhe anbringen und das Kabel hinter dem Paneel zum Boden und von dort – später verdeckt durch die Fußleiste – bis zur nächsten Steckdose führen. Anschließend das zweite Paneel anbringen.

Ehe Sie sich den MDF-Bauteilen (MDF = Mitteldichte Faserplatte) widmen, die System-Elemente zur Montage vorbereiten. Die laut Materialliste zugeschnittenen MDF-Platten noch wie folgt bearbeiten: Die Frontschrägen zu gleichschenkligen Dreiecken sägen und die Seiten je um 40° abschrägen; die

Seitenteile (10) der Länge nach diagonal durchsägen. Dann bündig mit den inneren Kanten auf die abgeschrägten Seiten der Front leimen und mit je zwei Schrauben fixieren. Schraublöcher stets vorbohren, ansenken und Schrauben tief versenken, damit sie beim Hobeln nicht im Weg sind. Sind die Verbindungen stabil, hobelt man die leicht überstehenden Kanten der Front ab und schleift nach.

Die Rückwände zu gleichschenkligen Dreiecken sägen, einpassen und mit Leim und Schrauben fixieren. Leisten, die in den Innenecken befestigt werden, geben noch zusätzliche Stabilität (siehe Zeichnung). Die waagerechte Rückwand-Oberkante bildet nun die Ausgangsbasis, um die anderen Oberkanten mit Hobel und Schleifpapier anzupassen. Schraublöcher spachteln, die Teile gründlich schleifen, grundieren und in dann Ihrer Lieblingsfarbe – wir haben ein sehr dezentes Grau gewählt – lackieren.

Die Konsole mit Paneelen und darunter verlaufender Leiste verschrauben. Dann Halteleisten für die Befestigung der Stollen auf den Konsolenleisten und den Paneelen anbringen. Damit sie nicht nach vorne rutschen können, leimt man die Stollen auf den unteren Halteleisten auf. Danach die Konstruktionsböden montieren. Wer mag, kann noch einen Spiegel mit Spiegelklebeband innerhalb des Korpus auf den Paneelen befestigen. Das obere „Dreieck" spielt zwar keine tragende Rolle, verdeckt aber zuverlässig Trafo und Kabel. Es wird lose aufgesetzt, wobei kleine Leisten an den Seitenunterkanten in die Nuten der Stollen greifen. Jetzt nur noch die beiden Einlegeböden einsetzen und die Glastür montieren – schon können Sie Ihre liebsten Stücke wirkungsvoll präsentieren.

Materialliste

Pos.	Anz.	Bezeichnung	Maße in mm	Material
1	2	Formpaneele	2580 × 333	Sondermaß davon 1 mit Halogen
2	2	Gesimsleisten	2570 lang	
3	1	Feder	2570 lang	
4	2	Regalstollen	830 × 250	
5	2	Konstruktionsböden	495 × 220	
6	2	Glasböden	495 × 220	
7	1	Glastür	793 × 493	
8	2	Rückwände	500 × 140	MDF 19 mm dick
9	2	Frontschrägen	570 × 270*)	
10	4	Seitenschrägen	330 × 190*)	

Pos. 1–7 PARADOR-Teile, dazu: Konstruktionsbeschläge; Bodenträger; Beschläge für die Glastür; 1 Kristallspiegel 4 mm dick, 793 × 493 mm.
Zu MDF: Spanplatten-Schrauben; Verstärkungsleisten; Holzleim.
*) Maße mit Bearbeitungszugabe.

Zuerst leimt man das rechte Paneel auf die Querleisten und schraubt es mittig außerdem noch mit Befestigungskrallen auf, die zum Programm gehören. Danach wird das Transformator-Kabel hinter dem Paneel und bis zur nächsten Steckdose verlegt.

Nachdem auch das zweite Paneel auf die Wand gebracht ist, werden die Konstruktionsbeschläge angeschraubt. Dann kommt die Leuchte in den bereits vorhandenen Ausschnitt des Bodens, der schon mit einer Führung für das Kabel versehen ist.

Auch das Befestigen der Scharniere an der Glastür bereitet keinerlei Schwierigkeiten, denn die Montage wurde schon vom Werk sorgfältig vorbereitet. Anschließend kommt die tragende Konsole an die Reihe. Sie muß ganz genau waagerecht ausgerichtet und dann mit den Paneelen verschraubt werden.

Der Aufsatz rundet das Bild ab und hat gleichzeitig die Aufgabe, das Kabel und den Trafo zu verstecken. Auch hier haben wir Leisten, die in die Nuten der Stollen greifen, unter die Seiten geleimt.